चंद्रशेखर

बंकिमचंद्र चट्टोपाध्याय

प्रभाकर प्रकाशन

HB ISBN: 978-93-67930-56-4
ISBN: 978-93-67937-46-4
eISBN: 978-93-67933-52-7

प्रकाशक: प्रभाकर प्रकाशन
प्लॉट नं.-63, प्रथम तल, मेन मदर डेयरी रोड
पांडव नगर, ईस्ट दिल्ली-110092
फोन: 011-40395855
व्हाट्स ऐप: +91 9319228272
ई-मेल: booksprabhakar@gmail.com
वेबसाइट: www.prabhakarprakashan.com

प्रथम संस्करण: 2025

मुद्रक: मणिपाल टेक्नोलॉजीज लिमिटेड, मणिपाल

चंद्रशेखर

बंकिमचंद्र चट्टोपाध्याय

अनुक्रम

आरंभ

[1]
बालक–बालिका

भागीरथी के किनारे आम के वन में बैठकर एक बालक भागीरथी की शाम की बेला के जल का कल-कल शब्द सुन रहा था। उसके पैरों के पास नई दूब की सेज पर सोकर एक छोटी बालिका चुपचाप उसके मुख को देख रही थी। बार-बार वह आकाश, नदी, वृक्ष, सब देखकर फिर उसी बालक के मुख की तरफ देखने लगती थी। उस लड़के का नाम प्रताप और लड़की का नाम शैवलिनी था। उस समय शैवलिनी सात-आठ वर्ष की बच्ची और प्रताप किशोर अवस्था का था।

सिर के ऊपर अपनी ध्वनि की लहर में आकाश-मण्डल को डूबाता हुआ पपीहा पुकारता हुआ चला गया। शैवलिनी उसकी नकल करके गंगा के किनारे सुशोभित उस आम के वन को कपित करने लगी। उस व्यंग-संगीत के साथ गंगा का कल-कल शब्द मिल गया।

लड़की ने अपने छोटे हाथों से उन्हीं के समान सुकुमार वन के फूलों को तोड़कर माला गूँथकर लड़के के गले में पहना दी। फिर उसे निकालकर अपनी सिर की वेणी में पहन ली, फिर खोलकर लड़के के गले में पहना दी। निश्चय नहीं हुआ कि माला कौन पहनेगा पास ही एक मोटी गाय को चरती हुई देखकर शैवलिनी ने झगड़े में पड़ी हुई माला उसके सींगों में पहना दी उसके बाद झगड़ा बंद हो गया। इसी तरह इन दोनों में झड़गा हमेशा ही होता था। प्रताप कभी माला के बदले में घोंसले से चिड़िया के बच्चे को गिरा देता और आम की फसल के समय पके आम गिरा देता था।

शाम के समय कोमल आकाश में तारे निकलने पर दोनों तारे गिनने बैठे। तारों को किसने पहले देखा है और कौन सा तारा पहले निकला है? तुम कितने देख रहे हो? चार-पाँच दिख रही हैं। एक यह, एक वह और एक वह! झूठी बात। शैवलिनी तीन तो दिखता ही नहीं।

नावें! कितनी नावें जा रही है। बताओ देखें? सोलह? बाजी रखो, अठारह हैं। शैवलिनी गिनना नहीं जानती थी। एक बार गिनने पर नौ हुआ, और एक बार गिनने पर इक्कीस हुआ। उसके बाद गिना और दोनों ने एकाग्र मन से एक ही नाव की ओर आँखें टिका दीं। नाव में कौन है, कहाँ जाएगी, कहाँ से आयी? डाँड़े से उठते हुए पानी में सोना चमक रहा है।

[2]

कौन डूबा और कौन निकल गया

इसी तरह प्यार उत्पन्न हो गया। कहना चाहते हो तो प्रेम कहो, नहीं कहना चाहते तो मत कहो! सोलह साल का नायक, आठ साल की नायिका बच्चों की तरह, कोई प्रेम करना नहीं जानता।

समझता हूँ कि बचपन के प्यार में बहुत ही घनिष्टता होती है। जिन्होंने बचपन में प्रेम किया है, उनमें कितने आदमियों के साथ जवानी में भेंट-मुलाकात होती है? कितने आदमी बचे रह जाते हैं? कितने लोग प्रेम के योग्य रह जाते हैं। बुढ़ापे में बाल-प्रेम की केवल याद रह जाती है और सब कुछ बीत जाता है। किन्तु वही याद कितनी मधुर होती है!

सभी बालक कभी-न-कभी अनुभव करते हैं कि इस लड़की का मुख बहुत प्यारा है। ग्रंथों में कोई गुण ऐसा होता है जो समझ से परे होता है। खेल छोड़कर कितनी ही बार उसने लड़की का मुख देखा होगा, रास्ते में छिपकर और खड़े होकर कितनी ही बार उसे देखा होगा। कभी समझ नहीं पाता और प्रेम हो जाता है। उसके बाद वही सुंदर मुख, वही सीधा कटाक्ष, कहीं समय की धारा में डूब जाता है और प्रेम लिए संसार में खोजकर भी केवल याद ही रह जाती है। बचपन के प्रेम में कोई गहरा संबंध होता है।

शैवलिनी मन-ही-मन सोचती थी कि प्रताप के साथ मेरा विवाह होगा। प्रताप जानता था कि विवाह नहीं होगा। शैवलिनी प्रताप की ही जाति की लड़की थी। संबंध तो दूर है लेकिन जाति! शैवलिनी से यही पहले हिसाब में भूल हुई।

शैवलिनी एक गरीब परिवार की लड़की थी। उसके परिवार में केवल माँ थी, और कोई नहीं था। उनके पास कुछ नहीं था, एक झोंपड़ी और शैवलिनी की सुंदरता के अलावा। प्रताप भी गरीब था।

शैवलिनी बड़ी होने लगी। सुंदरता सोलह कलाओं के साथ पूरी होने लगी। किन्तु विवाह नहीं हुआ। विवाह में खर्च होता है। कौन खर्च करेगा? उस जंगल में खोज करके कौन उस सुंदरता को, अनमोल कहकर ले जाएगा?

बाद में शैवलिनी के मन में ज्ञान उत्पन्न होने लगा। उसे समझ आया कि प्रताप को पाने की संभावना नहीं है।

दोनों आपस में विचार करने लगे। कई दिनों तक विचार चलता रहा। छिप-छिपकर विचार किया, कोई जान नहीं पाता था। विचार निश्चित हो जाने पर दोनों गंगा नहाने गये। गंगा में बहुत से लोग तैर रहे थे। प्रताप ने कहा–"आओ शैवलिनी, तैरें!" दोनों ने तैरना आरंभ किया। तैरने में दोनों ही कुशल थे। इनकी तरह गाँव का कोई भी लड़का और लड़की तैर नहीं सकता था। बरसात के दिन किनारे-किनारे गंगा का जल हिल-हिलकर, नाच-नाचकर वेग से जा रहा था। दोनों उस अपार जल को चीरते हुए मथते हुए, फेंकते हुए और तैरते हुए आगे बढ़े। फेन के चक्र में दोनों युवा शरीर चाँदी की अँगूठी में दो रत्नों की भाँति शोभा पाने लगे। तैरते-तैरते ये बहुत दूर चले गये; यह देखकर जो लोग घाट पर थे, उन्होंने इन्हें लौट आने के लिए कहा। उन्होंने सुना नहीं, बढ़ते रहे। फिर सबने पुकारा, डाँटा, गाली दी दोनों में से किसी ने सुना नहीं, बढ़ते गये। बहुत दूर जाकर प्रताप ने कहा–"शैवलिनी, यहीं हम दोनों विवाह करते है।"

शैवलिनी ने कहा–"अधिक क्यों, इसी जगह।"

प्रताप डूब गया!

शैवलिनी नहीं डूबी। उसी समय शैवलिनी डर गई, मन में सोचा क्यों! प्रताप मेरा कौन है? मुझे डर लगता है, मैं मर न सकूँगी। शैवलिनी डूबी नहीं, लौट गई। तैरकर किनारे लौट आई।

[3]

वह मिल गया।

जहाँ प्रताप डूबा था, उससे थोड़ी ही दूर पर एक नाव चली जा रही थी। नाव पर से एक आदमी ने देखा कि प्रताप डूब रहा है। वह कूदकर जल में जा पहुँचा। नाव में सवार चन्द्रशेखर शर्मा थे।

चन्द्रशेखर उस समय स्वयं ही एक आफत में थे। वे बत्तीस वर्ष के हो गए थे। वे गृहस्थ थे, किन्तु साथ लेकर प्रताप को उसके घर छोड़ने गये।

प्रताप की माँ ने छोड़ा नहीं। चन्द्रशेखर के पैरों में गिरकर उनको अपना अतिथि बनाया। चन्द्रशेखर ने भीतर की बात कुछ नहीं जानी।

शैवलिनी ने प्रताप को फिर मुख नहीं दिखाया। लेकिन चन्द्रशेखर ने उसे देखा और देखकर विमुग्ध चन्द्रशेखर उस समय स्वयं ही एक आफत में थे। वे बत्तीस वर्ष के हो गए थे। वे गृहस्थ

थे, किन्तु संसारी नहीं थे। अब तक अपना विवाह नहीं किया था। विवाह ज्ञान को प्राप्त करने में विघ्न करता है–यही सोचकर वे उसकी ओर बिलकुल ध्यान नहीं देते थे। किन्तु उस समय एक वर्ष से अधिक हुए, पहले, उनकी माता का मृत्यु हुआ था। जिससे विवाह किये बिना अब ज्ञान-प्राप्ति में विघ्न होने लगा था। ऐसा उन्हें लगने लगा। उनको अपने ही हाथों से भोजन पकाना पड़ता था जिसमे बहुत समय चला जाता था, पढ़ने-पढ़ाने में बाधा उत्पन्न होने लगा। दूसरे, देव-सेवा करनी होती है घर में शालिग्राम हैं–उनका सभी कार्य करना पड़ता है, उसमे भी समय लग जाता है–भगवान की पूजा अच्छी तरह हो नहीं पाती; घर के कार्य में भी अड़चन पड़ती है–इतनी कि दिन भर खाने की भी व्यवस्था नहीं हो पाती। पुस्तकें खो जाती थी, खोजने पर नहीं मिलती थी। मिले हुए रुपए कहाँ रखे, किसको दिये याद नहीं रहता था। खर्च नहीं था, इसलिए रुपए की बाधा नहीं थी। चन्द्रशेखर ने विचार किया, विवाह हो जाने पर बहुत से कार्यों में सुविधा हो जाएगी। चन्द्रशेखर ने निश्चय किया कि यदि विवाह करूँ तो किसी सुन्दरी से विवाह नहीं करूँगा। क्योंकि सुन्दरी स्त्री से मन के मुग्ध होने की संभावना है। संसार-बन्धन में आकर मुग्ध होने से कार्य नहीं चलेगा।

जब उनके मन में ऐसे विचार थे, तभी उन्होंने शैवलिनी को देखा। उसे देखकर संयमी का व्रत टूट गया। सोच-विचारकर कुछ इधर-उधर करके अंत में चन्द्रशेखर ने अपने-आप ही व्यवस्था करके शैवलिनी से विवाह कर लिया। सुंदरता के मोह में कौन मुग्ध नहीं होता!

विवाह के आठ वर्ष बाद यह कहानी आरंभ होती है।

पहला खण्ड
पापिनी

पहला परिच्छेद

दलनी बेगम

बंगाल, बिहार और उड़ीसा इन सूबों के अधिपति नवाब आलीवाह कासिम खाँ मुंगेर के किले में निवास करते हैं। किले के भीतर अंतपुर के रंगमहल का स्थान अत्यंत सुंदर है। रात का पहला पहर अभी खत्म नहीं हुआ है। प्रकोष्ट में रंगीन फर्श पर एक सुकोमल गलीचा बिछा हुआ है। चाँदी के दीपक में सुगंधित तेल का प्रकाश फैल रहा था। फूलों की मधुर-सुगन्ध से घर सुगंधित हो उठा है। कीमखाब के तकिये पर अपने छोटे-से सिर को रखे हुए एक छोटे कद की बालिका-सी आकृति की युवती लेटी हुई गुलिस्ताँ पढ़ने का उपक्रम कर रही है, वह सत्रह साल की युवती है, किन्तु छोटे कद की और बालिका के समान ही सुकुमार है। गुलिस्ताँ पढ़ती है और बीच-बीच में बार-बार उठकर कुछ देखती है और अपने मन में ही जाने क्या-क्या कहती है। कभी कहती है–"अभी तक जाने क्यों नहीं आएँ?" फिर कह उठती है–"क्यों आएँगे? हजारों दासियों में से एक दासी ही तो ठहरी मेरे लिए इतनी दूर आएँगे ही क्यों?" बालिका फिर गुलिस्ताँ पढ़ने में लग गई।

थोड़ा-सा पढ़कर फिर कहने लगी अच्छा नहीं लगता। भले ही नहीं आएँ। मैं तो उनकी याद करते ही चली जाती। मैं याद आऊँगी कैसे? हजार दासियों में अकेली ही तो नही हूँ की फिर उसने गुलिस्ताँ पढ़ना आरंभ किया, फिर पुस्तक फेंक दी और कहने लगी–"ईश्वर से क्यों फिरता है? एक व्यक्ति किसी दूसरे व्यक्ति का रास्ता क्यों देखता रहे? यदि भगवान की यही मर्जी है तो जिसको जो पाता है, वह उसी को क्यों नहीं चाहता? जिसको नहीं पाता, उसी को क्यों चाहता। इच्छा है शाल वृक्ष पर चढ़ना क्यों चाहती हूँ?" अब युवती पुस्तक छोड़कर खड़ी हुई। गठन, छोटे-से सिर से लटकता हुआ साँगों के झुण्ड के समान घना कुंचित केश-भार लहरा उठा, सुगम्य मलाता हुआ स्वर्ण-खचित उज्ज्वल दुपट्टा हिल उठा। उसके अंगों के संचालन मात्र से मानो घर

में रूप की लहरियाँ उठने लगीं। अथाह जल में जैसे चंचलता के आते ही तरंगें उठती है, सौन्दर्य की तरंगें उसी प्रकार नाच उठीं।

अब सुन्दरी ने एक छोटी-सी वीणा उठाकर उसमें झंकार दी और बहुत धीरे-धीरे मृदु स्वर में गीत गाना आरंभ किया, मानो सुनने वाले के भय से भयभीत होकर गा रही हो। इसी समय पास के पहरेदार के सलाम का शब्द और सवारियों के पैरों की आवाज उसके कानों में पहुँची। बालिका चौंक उठी और व्यस्त भाव से द्वार पर जा खड़ी हुई। उसने नवाब की सवारी देखी, नवाब मीर कासिम अली खाँ ने सवारी से आकर उसी घर में प्रवेश किया।

नवाब ने आसन पर बैठकर पूछा–"दलनी बीबी, कौन-सा गीत गा रही थी?" मालूम होता है, लड़की का नाम है दौलतुन्निसा, लेकिन नवाब संक्षेप में उसे 'दलनी' कहते थे।

लज्जा के मारे दलनी सिर नीचे किए हुए चुप रही। दलनी के दुर्भाग्यवश नवाब ने कहा "तुम जो गा रही थी, वही गाओ, मैं सुनूँगा।"

उस समय बड़ी गड़बड़ हो गई। वीणा के तार बेबस हो गए, वे कोई स्वर ही नहीं बाँध पाते थे।

वीणा को हटाकर दलनी ने बेहाला उठाया। उसे मालूम पड़ा कि बेहाला भी बेसुरा बज रहा है। नवाब ने कहा–"जाने दो, उसी के साथ गाओ! इससे दलनी को ऐसा लगा, मानों नवाब समझ रहे है कि दलनी को स्वर-ज्ञान ही नहीं है। यह सोचकर तो दलनी का मुँह भी नहीं खुला। दलनी ने मुँह खोलने की कितनी ही चेष्टा की, किन्तु मुँह खुला ही नहीं। मुँह अब खुलता है, तब खुलता है, किन्तु वह खुला ही नहीं। जिस प्रकार घनघोर घटाओं के छा जाने के दिन मालूम होता है कि स्थलकमलिनी अब खिलती है, तब खिलती है, किन्तु खिलती नहीं डरपोक कवि का काव्यकुसुम जैसे लगता है कि अब खिलता है, तब खिलता है, किन्तु खिलता ही नहीं; मानिनी स्त्रियों का मान के समय का कण्ठ में उतरा हुआ प्रेम का संबोधन जैसे प्रतीत होता है कि अब प्रकट होता है, तब प्रकट होता है, किन्तु व्यक्त ही नहीं हो पाता।

दलनी ने तब सहसा वीणा छोड़कर कहा–"मैं नहीं गाऊँगी।" नवाब ने आश्चर्य में पड़कर पूछा, "क्यों?" नाराज हो क्या?"

दलनी–"कलकत्ता में अंग्रेज जिस बाजे को बजाकर गीत गाते हैं, एक वही लाकर दें मुझे, तभी आपके सामने फिर गीत गाऊँगी नहीं तो गाऊँगी ही नहीं।"

मीर कासिम ने हँसते हुए कहा–"यदि उस रास्ते में काँटे न पड़े होते तो जरूर ला देता।"

दलनी–"काँटे क्यों पड़ेंगे?"

नवाब ने दुःखी होकर कहा–"समझता हूँ, उनके साथ दुश्मनी पैदा हो गई है। क्यों, तुमने सभी बातें सुनी नहीं?""सुनी हैं"–कहकर दलनी मौन हो गई।

मीर कासिम ने जानना चाहा–"दलनी बीबी, अनमनी होकर क्या सोच रही हो?"

दलनी ने कहा–"एक दिन आपने कहा था कि जो अंग्रेजों के साथ झगड़ा करेगा, वही हारेगा। तब आप उनके साथ क्यों झगड़ा करना चाहते हैं। मैं बच्ची हूँ, दासी हूँ मेरा यह सब कहना मुनासिब नहीं है। फिर भी कुछ कहने का अख्तियार जरूर है। क्योंकि आप मेहरबानी करके मेरे से प्रेम करते हैं।"

नवाब ने कहा–"यह तो सच है, दलनी, मैं तुमसे प्रेम करता हूँ! तुमसे जिस तरह प्रेम करता हूँ उस तरह औरतजात में किसी से भी प्रेम नहीं करता, कभी किसी को इस तरह नहीं चाहा–ऐसा दिल में सोचता भी नहीं।"

दलनी खुशी से चमक उठी। वह कुछ देर तक मौन रही, उसकी आँखों में जल भर आया। आँखों का जल पोंछकर बोली–"अगर आप जानते हैं कि जो अंग्रेजों का दुश्मन होगा, वह हार जाएगा, तब क्यों उनके साथ दुश्मनी करने को तैयार हो हैं?"

"मेरे लिए और कोई रास्ता ही नहीं है। तुमको मैं अच्छी तरह समझता हूँ कि इस झगड़े में मीर कासिम ने कुछ मुलायम स्वर में कहा बिलकुल ही मेरी हो। इसलिए तुम्हारे सामने कहता हूँ सल्तनत हाथ से चली जाएगी, हो सकता है कि जान भी चली जाय। तब क्या लड़ाई करनी चाहिए? अंग्रेज जैसी हरकतें करते हैं, जैसे कार्य करते हैं, उनसे वे ही बादशाह हैं, मैं बादशाह नहीं हूँ। जिस सल्तनत का मैं सुल्तान नहीं, उस सल्तनत में मेरी जरूरत ही क्या? सिर्फ इतना ही नहीं। वे कहते हैं, बादशाह हम है, मगर प्रजा को तकलीफ देने का बोझ तुम पर है। तुम हमारी होकर प्रजा को तकलीफ दो। क्या मैं ऐसा करूँगा? अगर प्रजा की भलाई के लिए हुकूमत न कर सकूँगा, तो उस सल्तनत को छोड़ दूँगा। बेमतलब पाप और बदनामी क्यों अपने सिर लूँगा? मैं सिराजुद्दौला नहीं और न मैं मीरजाफर ही हूँ।

दलनी ने मन-हीमन बंगाल के अधीश्वर की सैकड़ों प्रशंसा की। फिर उसने कहा–"मेरे आका, आपने जो कहा, उस पर मैं क्या कहूँगी? लेकिन मेरी एक भीख है–आप खुद लड़ाई में न जाइयेगा।"

मीर कासिम–"इस बारे में बंगाल के नवाब का क्या यही फर्ज है कि वह औरतों की सलाह सुने? या एक लड़की का फर्ज है कि वह इस मसले पर सलाह दे?"

दलनी अप्रतिम हो उठी, सुन्न हो गई। उसने कहा–माफ कीजिये! औरतों का मन आसानी से समझता नहीं, "मैंने बिना समझे यह कह दिया है, गलती हो गई। लेकिन एक ओर भीख चाहती हूँ आपसे।"

"क्या?"

"आप मुझे भी लड़ाई में साथ ले चलिए?"

"क्यों, तुम लड़ोगी नहीं क्या? बोलो, गुरोगन खाँ को अलग करके तुम्हीं को बहाल कर दूँ?"

दलनी फिर अप्रतिभ हो गई, कुछ बोल न सकी तब मीर कासिम ने प्रेम के साथ पूछा–"जाना क्यों चाहती हो?"

"आपके साथ रहूँगी।"

मीर कासिम ने मना कर दिया। उसकी किसी बात से सहमत भी नहीं हुए।

तब दलनी ने थोड़ी हँसी के साथ कहा–"जहाँपनाह! आप गिनना (ज्योतिष) जानते हैं।

बताइए गिनकर, लड़ाई के वक्त मैं कहाँ रहूँगी?

मीर कासिम ने हँसते हुए कहा–"तो कलमदान दो!" दलनी की आज्ञा से नौकरानी ने एक सोने का बना हुआ कलमदान लाकर दिया। मीर कासिम ने हिंदुवओं के पास ज्योतिष की शिक्षा पायी थी। उन्होंने शिक्षा के अनुसार अंक लिखकर गिना और देखा। कुछ देर बाद कागज को दूर फेंककर विचारमान होकर बैठ गए।

दलनी ने पूछा–"क्या देखा?"

मीर कासिम ने कहा–"जो देखा, वो बड़ी ही ताज्जुब की बात है। तुम सुनना मत!"

उसी समय नवाब ने बाहर आकर मीर मुंशी को बुलाकर आज्ञा दी–"मुर्शिदाबाद में एक हिन्दू कर्मचारी को हुक्म है कि मुर्शिदाबाद से थोड़ी ही दूर पर वेदग्राम नाम का जो स्थान है, यहीं चन्द्रशेखर नाम के एक विद्वान ब्राह्मण रहते हैं उन्होंने मुझे ज्योतिष सिखाया था, उन्हें बुलाकर पूछना होगा कि इस वक्त अगर अंग्रेजों के साथ लड़ाई शुरू हो जाए तो लड़ाई के वक्त और लड़ाई के बाद दलनी बेगम कहाँ रहेंगी?"

मुंशी ने वैसा ही किया चन्द्रशेखर को लेकर आने के लिए आदमी मुर्शिदाबाद भेज दिया गया।

दूसरा परिच्छेद

भीमा पोखरी

भीमा नामक एक बड़ी पोखरी के चारों तरफ घने ताड़ के पेड़ों की कतार है। अस्त होते हुए सूर्य की सुनहरी किरणें पोखरी के काले जल पर पड़ रही हैं। काले जल पर पड़ने वाली धूप के

साथ ताड़ के पेड़ों की काली छायाएँ अंकित हो उठी हैं। एक घाट के पास लताओं से लिपटे कई छोटे-छोटे वृक्ष अनेक लताओं से गुंथकर जल तक डालों को फैलाये हुए जलखेल करने वाली कुलबधुओं को चारो ओर से घेर रखा है। उसी घिरे हुए धुँधले अँधेरे में शैवलिनी और सुन्दरी घड़े हाथ में लिए जल के साथ खेल कर रही थीं।

जल के साथ युवती का खेल कैसा? ये तो हम जानते नहीं, क्योंकि हम जल नहीं हैं। जो कभी रूप देखकर गलकर जल हो गए है, वे ही बता सकते हैं कि किस प्रकार घड़े के आघात से जल लहरों को उठाकर बाँहों से लटकते हुए अलंकारों के ताल-ताल पर नाचता है। कमल के फूलों की माला को छाती के ऊपर हिला-हिलाकर वही ताल-ताल पर नाचता है। तैरते हुए प्रेमी छोटे-छोटे पक्षियों को हिलाते हुए वही ताल-ताल पर नाचता है। युवती को घेरकर उसकी बाँहों में, गले में, कंधे पर, छाती पर लुक-छिपकर मारता हुआ जल, तरंगें उठाता हुआ ताल-ताल पर नाचता है। फिर युवती किस प्रकार घड़े को डुबाती हुई मृदु पवन के हाथों उसे आत्म-समर्पण करती है, ठुड्डी तक जल में डुबाकर बिम्बाफल के समान लाल ओठों से जल का स्पर्श करती है मुँह में उसे डालती है, सूर्य की ओर उसे फेंकती है। जल भी धूप के समय बिम्ब-बिम्ब में सैकड़ों सूर्य धारण करके युवती को उपहार देता है। युवती के हाथ-पैर चलाने पर जल उछलकर नाच उठता है। जल के हिलोरों से युवती का हृदय भी नाच उठता है। दोनों ही समान है। जल चंचल है और इन तीनों लोकों को चंचल बना देने वाली युवतियों का हृदय भी चंचल होता है। जल में रेखा नहीं ठहरती; युवती के हृदय में ठहरती है क्या?

पोखरी के काले जल में सुनहरा आलोक घुल-घुलकर क्रमश: देखते-देखते सब काला हो गया। केवल ताड़ के पेड़ों का ऊपरी भाग स्वर्णध्वज के समान चमक रहा था।

उस सुन्दरी ने कहा–"माई शाम हो गई। अब यहाँ और नहीं। चल, घर चले!"

शैवलिनी–"कोई नहीं है, भाई, धीरे-धीरे एक गीत गाओ न!"

सुन्दरी–"घर चल! दूर हो पापिन!"

शैवलिनी–"घर न जाऊँगी, यह क्या कहा सखी? आ रहे मेरे मदनमोहन हाय! हाय! जाऊँगी नहीं, यह क्या कहा?"

सुन्दरी–"मृत्यु और क्या! मदनमोहन तो घर बैठा है, वहीं चलो न।"

शैवलिनी–"उससे जाकर कह दो, तुम्हारी मदनमोहिनी भीमा के शीतल जल को देखकर उसी में डूब मरी है।"

सुन्दरी–"हँसी बंद कर, इस समय रात हुई है। मैं रुक नहीं सकती। और आज क्षेमी की माँ कह रही थी, इस ओर एक गोरा आता है।"

शैवलिनी–"उससे मुझे और तुझे क्या डर है?"

सुन्दरी–"अरी मैया! तू कहती क्या है? उठ, नहीं तो मैं चली जाऊँगी।"

शैवलिनी–"मैं नहीं उठूँगी, तुम जाओ!"

सुन्दरी क्रोध से घड़ा भरकर किनारे चली गई। फिर शैवलिनी की ओर घूमकर बोली–हाँ तो, तू क्या अकेले ही शाम की बेला पोखरे के किनारे रहेगी?"

शैवलिनी ने कोई उत्तर नहीं दिया, उँगली के संकेत से दिखा दिया। उँगली के संकेत की ओर सुन्दरी ने देखा–पोखरी के दूसरे किनारे एक ताड़ के नीचे सर्वनाश! सुन्दरी ने फिर कुछ भी न कहा, घड़ा नीचे जमीन पर फेंककर ऊँची साँस लेकर भाग चली। पीतल का घड़ा लुढ़कता-लुढकता, अपने भीतर का पानी भक-भक शब्द के साथ गिराता हुआ फिर वापी के जल में पहुँच गया।

सुन्दरी ने ताड़ के वृक्ष के नीचे एक अंग्रेज को देख लिया था। अंग्रेज को देखकर शैवलिनी हिली न डुली और जल में से उठी भी नहीं। केवल छाती भर पानी में रहकर गीले वस्त्र से चोटी के साथ सिर के अगले भाग को ढँक लिया और खिले हुए कमल के समान जल में बैठ गई। बादलों में अचल बिजली हँसी-भीमा की उन्हीं श्याम तरंगों में यह स्वर्णकमल खिला। सुन्दरी भाग गई। किसी को बिना देखे अंग्रेज धीरे-धीरे ताड़ों के बीच से होता हुआ घाट के पास आ पहुँचा।

अंग्रेज देखने से कम उम्र का लग रहा था। मूँछ या दाढ़ी कुछ भी नहीं था। बाल कुछ-कुछ काले, आँखें भी अंग्रेज की दृष्टि से काली ही थी। पोशाक बड़ी भड़कीली, चेन और अँगूठी आदि कुछ आभूषण भी थे। अंग्रेज ने धीरे-धीरे घाट पर जल के पास आकर कहा–"I come again for lady!"

शैवलिनी ने कहा–"मैं भी तुम्हारी बोली नहीं समझ पा राही हूँ।"

अंग्रेज–"Oh, ay that nasty Gibberish–I must speak it I suppose again

शैवलिनी– "क्यों, यमराज के घर का क्या यही रास्ता है?"

अंग्रेज ने कुछ भी न समझकर कहा–"किया बोलटा हाय?"

शैवलिनी–"कहती हूँ कि यमराज क्या तुम्हें भूल गए हैं?"

अंग्रेज–"जम? John you mean? हम जॉन नहीं, हम लॉरेन्स है।"

शैवलिनी–"ठीक, एक और अंग्रेजी बात सीखी, लॉरेन्स अर्थात् बंदर!"

उस शाम को लॉरेन्स फास्टर शैवलिनी से अनेक देशी गालियाँ खाकर अपने स्थान पर लौट आया। लॉरेन्स फास्टर पोखरी के पहाड़ से उतरकर आम के नीचे से घोड़ा छोड़कर उसकी पीठ पर जा बैठा और टिबियट नदी के किनारे के पर्वत की प्रतिध्वनि के साथ सुने हुए अतीत के गीत को याद करता हुआ चल पड़ा। बार-बार उसके मन में भाव उठने लगे जिसके प्रेम से मैं बचपन में ही अभिभूत हो गया था, वह सबकुछ अब सपने के समान है। भिन्न देश के कारण क्या रुचि भी भिन्न हुआ करती है? हिममयी मेरी क्या अग्नि शिखा के समान गर्म देश की सुन्दरी से तुलना करने योग्य है? कह नहीं सकता।"

फास्टर चला गया। शैवलिनी ने धीरे-धीरे जल का घड़ा भरा और उसे कमर पर रखकर बसन्ती पवन पर चढ़े हुए बादल के समान धीरे-धीरे पैर रखती हुई घर की ओर चल पड़ी। उसने यथास्थान कलश रखकर सोने के कमरे में प्रवेश किया।

वहाँ शैवलिनी के पति चन्द्रशेखर कम्बल के आसन पर बैठकर रामनवमी से कमर के साथ दोनों घुटनों को बाँधकर मिट्टी के दीपक के सामने हस्तलिखित पोथी पढ़ रहे थे। मैं जिस समय की बात कह रहा हूँ, उसे बीते एक सौ वर्ष हो चुके है।

चन्द्रशेखर की उम्र चालीस के आस-पास ही है। उनका आकार बड़ा है, ललाट चौड़ा, जिस पर–"अब ये चन्दन की रेखा अंकित है। शैवलिनी घर में प्रवेश करते समय मन-ही-मन सोच रही थी पूछेंगे–कैसे इतनी रात हो गई, तब क्या उत्तर दूँगी?" किन्तु उसके घर में आने पर चन्द्रशेखर ने कुछ नहीं पूछा। उस समय वे ब्रहमसूत्र के किसी सूत्र विशेष का अर्थ-संग्रह करने में व्यस्त थे। शैवलिनी हँस पड़ी।

तब चन्द्रशेखर ने सामने देखा और कह उठे–"आज इस असमय में बिजली कैसे चमक उठी?"

शैवलिनी ने कहा–"मैं सोच रही थी, तुम मुझे कितनी बातें सुनाओगे।

चन्द्र०–"बातें क्यों सुनाऊँगा?"

शैवलिनी–"मुझे तालाब के घाट से आने में देर हुई, इसलिए।"

चन्द्र०–"ठीक है, अब तक आई क्यों नहीं? देर क्यों हुई?"

शैवलिनी–"एक गोरा आया था। उस समय सुन्दरी किनारे थी। मुझे छोड़कर वह भागकर चली आई। मैं पानी में थी, डर के मारे उठ न सकी। डर से गले भर पानी में खड़ी रही। उसके जाने पर उठकर आई।"

चन्द्रशेखर ने विमन भाव से उत्तर दिया–अब नहीं जाना! इतना ही कहकर फिर शंकरभाष्य में अपना मन लगा दिया।

बहुत रात हो गई थी। तब भी चन्द्रशेखर प्रेम, माया, स्फोट, अपौरुषेयत्व इत्यादि में लीन रहे। शैवलिनी ने नित्य की तरह नियमानुसार स्वामी के भोजन की सामग्री उनके पास रख दी और खुद भोजन करके पास की शय्या पर गहरी नींद में सो गई थी। इस विषय में चन्द्रशेखर की अनुमति थी; वे बहुत रात तक पढ़ा करते थे, थोड़ी रात गए ही वे भोजन नहीं करते थे।

सहसा भवन के ऊपर उल्लू की कर्कश बोली सुनाई पड़ी। तब चन्द्रशेखर ने यह समझकर कि रात अधिक हो चुकी है, पोथी बाँधी और उसे उचित स्थान पर रखकर खड़े हुए। खुली हुई खिड़की की राह खिली हुई चाँदनी वाली मनोहारिणी प्रकृति पर दृष्टि पड़ी। खिड़की की राह से चन्द्रमा की किरणें आकर सोयी हुई सुन्दरी शैवलिनी के मुख पर पड़ रही थी। चन्द्रशेखर ने प्रसन्नचित्त होकर देखा कि उनके घर रूपी सरोवर में, चन्द्रमा के प्रकाश में कमल खिला हुआ है। खड़े-खड़े उन्होंने बड़ी देर तक प्रेम से अपलक नेत्रों द्वारा शैवलिनी के अनिन्द्य सुंदर मुख-मण्डल को देखा कि वह अद्भुत धनुष के टुकड़े के समान घनी काली दोनों भौंहों में मुदे हुए कमल-कोष के सदृश अपने दो नयन-कमलों को बंद किये हुए है। उन्हीं विशाल नयन-पल्लवों में अत्यंत कोमल सीधी रेखा देखी। देखा कि उसका पल्लव के सदृश छोटा-सा हाथ नींद में गाल पर पड़ा हुआ है, मानो किसी ने फूलों के ढेर पर किसी दूसरे फूलों का ढेर लगा दिया है। मुख-मण्डल पर हाथ रखने के कारण उसके पान के रस से रंगे हुए होंठ कुछ खुल गये थे और मोतियों के समान दाँतों की पंक्ति कुछ-कुछ दिखाई पड़ने लगी। जैसे कोई सुंदर सुख स्वप्न देखकर एक बार शैवलिनी कुछ हँसी, मानो चाँदनी के ऊपर बिजली कौंध उठी। फिर वही मुख-मण्डल पहले के समान गहरी नींद में स्थिर हो गया। उस बीस वर्ष की युवती का विलास की चंचलता से शून्य प्रफुल्लित मुख-मण्डल देखकर चन्द्रशेखर की आँखों में आँसू आ गया।

चन्द्रशेखर ने शैवलिनी की नींद से स्थिर मुख-मण्डल की सुंदर कान्ति को देखकर आँसू बहाया। उन्होंने सोचा हाय! क्यों मैंने इसके साथ विवाह किया? यह फूल तो राजा के मुकुट में शोभा पाता। क्यों मैंने शास्त्र के मनन में लीन ब्राह्मण-पण्डित की कुटी में यह रत्न ला रखा? इसमें सन्देह नहीं है कि इसे लाकर मैं सुखी हुआ, किन्तु शैवलिनी को उससे क्या सुख मिला? मेरी जो उम्र है, उसमें मेरे प्रति शैवलिनी का प्रेम होना असम्भव है। अथवा मेरे प्रेम में उसकी प्रेम की अभिलाषा पूर्ण होने की संभावना नहीं है। खासकर मैं तो सदा अपने ग्रन्थों में उलझा रहता हूँ, मुझे शैवलिनी के सुख की कब चिंता होती है? मेरी पुस्तकों को उठाकर रखने में इस नवयुवती को क्या सुख मिलता होगा? मैं तो बिलकुल अपने ही सुख का ध्यान रखता हूँ और इसीलिए

इससे विवाह करने की मेरी इच्छा हुई। अब मैं क्या करूँगा? कष्ट से जुटायी हुई इन पुस्तकों को जल में फेंककर क्या रमणी के मुख का ही उपासक बन जाऊँगा। छि-छि, ये तो होगा नहीं! तब क्या यह शैवलिनी मेरे पापों का प्रायश्चित करेगी? क्या इस सुकोमल फूल को यौवन की ज्वाला में जलाने के लिए ही मैने वृन्त से तोड़ लिया था?

इस प्रकार चिंता करते-करते चन्द्रशेखर भोजन करना ही भूल गये। दूसरे दिन सुबह मीरमुंशी के यहाँ से सन्देश आया कि उन्हें मुर्शिदाबाद जाना होगा, नवाब का कार्य है।

तीसरा परिच्छेद

लॉरेन्स फास्टर

वेदग्राम के बिलकुल पास ही पुरन्दरपुर नामक गाँव में ईस्ट-इण्डिया कम्पनी की रेशम की एक छोटी कोठी थी। लॉरेन्स फॉस्टर उसी का फैक्टर या कोठी वाला था। लॉरेन्स थोड़ी उम्र में ही मेरी फॉस्टर का प्रेम पाने से निराश होकर ईस्ट-इण्डिया कम्पनी की नौकरी स्वीकार करके बंगाल आ गया था। भारत में उस समय आये हुए अंग्रेजों को जिस प्रकार नाना प्रकार के शरीरिक रोग पैदा हो जाते थे, उसी प्रकार बंगाल की हवा में उन्हें पराया धन छीन लेने का रोग हो गया था। फास्टर थोड़े ही समय में उस रोग से ग्रस्त हो गया। अत: मेरी की मूर्ति उसके मन से दूर हो गई। एक बार वह किसी कार्य से वेदग्राम में गया था। वहाँ भीमा पोखरी के जल में खिली हुई कमलिनी के समान शैवलिनी पर उसकी दृष्टि पड़ी। शैवलिनी गोरे को देखकर भाग गई। किन्तु फॉस्टर सोचता विचारता कोठी चला गया। बहुत सोच-विचार करके फॉस्टर ने सिद्धांत बनाया कि भूरी आँखों की अपेक्षा काली आँखें अच्छी होती हैं और भूरे बालों की अपेक्षा काले केश। अकस्मात् उसे याद आया कि संसार रूपी समुद्र में स्त्रियाँ नौका के समान हैं; उनका सहारा लेना सबका कर्त्तव्य हैं। जिन अंग्रेजों ने इस देश में आकर पादरी को धोखा देकर बंगाली सुन्दरियों को जीवन-साथी कहकर अपनाया, उन्होंने बुरा नहीं किया। बहुत-सी बंगाली लड़कियों ने धन के लालच से अंग्रेजों को अपनाया, तो क्या शैवलिनी नहीं अपनाएगी? फॉस्टर कोठी के कारकून को साथ लेकर फिर वेदग्राम में आकर वन में छिपा रहा। कारकून ने शैवलिनी को देखा और उसके घर को भी देखकर चला गया।

सारे बंगाली लड़के 'जुडू' नाम से डरते हैं। किन्तु कोई-कोई ऐसे ढीठ बच्चे होते हैं जो 'जुडू' को देखना चाहते हैं। शैवलिनी की वही दशा हुई। वह पहले-पहल, उस समय की प्रथा के

अनुसार, फॉस्टर को देखकर उँची साँस छोड़कर भाग गई। बाद में किसी ने उससे कहा–"अंग्रेज आदमी को पकड़कर तुरंत खा नहीं जाते। वे बड़े ही अद्भुत जन्तु हैं। एक दिन ध्यान से देखना।" उसके बाद उसने ध्यान से देखा कि अंग्रेज ने उसे पकड़कर खाया नहीं। तभी से शैवलिनी फॉस्टर को देखकर भागती नहीं। उसने धीरे-धीरे उसके साथ बातें करने का भी साहस किया था उसे तो पाठक जान ही चुके हैं।

शैवलिनी ने अशुभ क्षण में धरती पर जन्म लिया था, अशुभ क्षण में चन्द्रशेखर ने उसका पाणिग्रहण किया था। शैवलिनी जैसी थी, उसे क्रम से बताऊँगा; किन्तु वह जो भी हो, फॉस्टर का उपाय व्यर्थ सिद्ध हुआ।

बाद में अकस्मात् कलकत्ता से फॉस्टर के लिए एक आज्ञा निकली। "पुरन्दरपुर की कोठी में एक दूसरा आदमी नियुत्त हुआ है। तुम जल्दी कलकत्ता चले आओ! तुमको किसी विशेष कार्य पर नियुक्त किया जाएगा।" जो उस कोठी पर नियुक्त हुए थे, वे इस आज्ञा के साथ ही आ उपस्थित हुए। फॉस्टर को तुरंत ही कलकत्ता चले जना पड़ा।

शैवलिनी की सुंदरता ने फॉस्टर के मन पर गहरा प्रभाव डाला था। उसने देखा कि शैवलिनी की आशा छोड़कर जाना पड़ेगा। इस समय जितने भी अंग्रेज बंगले में रहते थे, वे सब केवल दो कामों में असमर्थ थे–वे लोभ को रोकने में असमर्थ थे और हार मानने में असमर्थ थे। वे कभी भी यह नहीं मानते कि इस कार्य को न कर सकेंगे, इसलिए उसे छोड़ देना अच्छा है और यह भी स्वीकार नहीं करते कि यह कार्य अधर्म का है, इसलिए इसे नहीं करना चाहिए। जिन्होंने भारतवर्ष में पहले-पहल अंग्रेज राज्य स्थापित किया, उन सबके समान शक्तिशाली और स्वेच्छाचारी लोग मनुष्य जाति में कभी भी भूमंडल पर दिखाई नहीं पड़े।

लारेन्स फॉस्टर उसी प्रकृति का आदमी था। वह अपने लोभ को न रोक सका। बंगाल में रहने वाले अंग्रेजों में उस समय 'धर्म' शब्द ही लुप्त हो गया था। उसने सम्भव और असम्भव पर भी विचार नहीं किया। उसने मन-ही-मन कहा–"Now or never!" (अभी नहीं तो कभी नहीं!)

यही सोचकर उसे जिस दिन कलकत्ता जाना था, उसकी पहले वाली रात को शाम होने के बाद पालकी ढोने वाले और कोठी के कई सिपाहियों को लेकर वह सशस्त्र वेदग्राम की ओर चलने लगा।

उसी रात को वेदग्राम के रहने वालों ने सुना कि चन्द्रशेखर के घर में डाका पड़ा है। चन्द्रशेखर उस दिन घर में नहीं थे मुर्शिदाबाद से राजकर्मचारी द्वारा आदरपूर्ण निमन्त्रण-पत्र पाकर वहीं गये थे। आज भी लौटे नहीं। गाँव के रहने वालों ने शोर, कोलाहल, बन्दुक के शब्द और रोने की

आवाज सुनकर शय्या छोड़कर बाहर देखा कि चन्द्रशेखर के घर डाका पड़ रहा है। बहुत-सी मशालें जल रही हैं। कोई भी आगे न बढ़ा। उन्होंने दूर खड़े होकर देखा कि घर को लूटकर डाकू एक-एक करके घर से बाहर निकल रहे थे। उन्होंने आश्चर्य के साथ देखा कि कई कहार एक पालकी कंधे पर लेकर घर से बाहर निकल रहे हैं, पालकी का दरवाजा बंद है और साथ में पुरन्दरपुर की कोठी का साहब है।

यह देखकर सभी भय से स्तब्ध होकर इधर-उधर भाग गए। डाकुओं के चले जाने पर पड़ोसी लोग घर में ब बैठे तो उन्होंने देखा कि घर का अधिक सामान लूटा नहीं है, बहुत कुछ बाकी है किन्तु शैवलिनी नहीं है। किसी ने कहा–"वह कहीं छिपी है, अभी आ जाएगी।" बूढ़ों ने कहा–"अब नहीं आएगी। आने पर भी चन्द्रशेखर उसे घर में नहीं रखेंगे। जो पालकी देखी है, उसी पालकी में वह गई है।" जो लोग उसके लौटने की आज्ञा रखते थे। वे खड़े होकर थककर बैठ गये। बैठे-बैठे नींद से झूमने लगे, ऊँघते-ऊँघते अंत में निराश होकर चले गए। मगर शैवलिना नहीं आयी।

सुन्दरी नाम की जिस युवती से हम पहले परिचित हो चुके हैं, वह सबके बाद उठकर गई। सुन्दरी चन्द्रशेखर के पड़ोसी की लड़की थी; संबंध में वह चन्द्रशेखर की बहन लगती थी। वह शैवलिनी की सखी थी। फिर बाद में उसका उल्लेख करना पड़ेगा इस जगह उसका इतना ही परिचय दे दिय गया है।

सुन्दरी ने बैठे-बैठे रात बिता दी, सबेरा होने पर वह घर गई और घर जाकर रोने लगी।

चौथा परिच्छेद

नाइन

फॉस्टर स्वयं दूसरी सवारी से कलकत्ता चला गया। उसे जल्दी पहुँचना था और भारी नाव कोहवा में खींचते-खींचते एक हफ्ते में कलकत्ता पहुँचना उसके लिए असम्भव था। शैवलिनी के लिए जनानी सवारी का इंतजाम करके वह दूसरी सवारी से कलकत्ता चला गया। उसके मन में ऐसी शंका थी ही नहीं कि नाव के साथ स्वयं न रहने पर कोई नाव पर आक्रमण करके शैवलिनी को छुड़ाएगा। अंग्रेज की नाव सुनकर कोई पास आएगा ही नहीं! शैवलिनी की नाव को वह मुंगेर ले जाने को कह गया।

सुबह की हवा से उठती हुई छोटी-छोटी लहरियों पर चलकर शैवलिनी की वह बड़ी नाव उत्तर की ओर चली। कलकल ध्वनि के साथ चलने वाली लहरें छप-छप करती हुई नाव के नीचे लगने लगी। तुम लोग दूसरे शठ, धोखेबाज, धूर्त का जितना चाहे विश्वास करना, किन्तु प्रात:कालीन वायु का विश्वास न करना। प्रभात का पवन अत्यंत सुखद होता है, चोर की भाँति छिप-छिपकर आता है और यहाँ कमल, वहाँ जुही, उधर मौलिसिरी की शाखात्रों से धीरे-धीरे खेलने लगता है। किसी को गन्ध देता है किसी की रात की शारीरिक थकान मिटाता है। किसी की चिंता से जलता हुआ माथा ठंडा करना है। युवतियों की केशराशि को देखकर उसे एक हल्की फुंक देकर भाग आना है। नाव पर चढने वालों, तुम देख रहे हो कि यह प्रभात का चंचल नटखट पवन छोटी-छोटी लहरियों में नदी को सजा रहा है–आकाश के दो-एक क्षणिक बादलों को दूर हटाकर उसको निर्मल बना रहा है। नीर के पेड़ों को धीरे-धीरे नचा रहा है, स्नान-मज्जन में लगी हुई कामिनियों के साथ एकाध प्रेम की बातें करता है। नाव के नीचे पहुँचकर तुम्हारे कानों के पास मीठा संगीत सुना रहा है। तुम मन में विचार करो कि पवन बड़ा धीर स्वभाव वाला, बड़ा प्रकृति-गम्भीर बिलकुल आडम्बरहीन स्वभाव का है और है सदानन्द स्वरूप। ससार में यह सत्र ऐसा ही हो जाय तो क्या न हो जाय!

दो, नाव खोल दें। धूप ऊपर उठी, तुमने देखा कि लहरों पर धूप चमक रही है। लहरें पहले से और बड़ी होती जा रही है। राजहंसों के समूह उन पर तैर रहे हैं। स्नान करने में लगी हुई सुन्दरियों के मिट्टी के घड़े उनके ऊपर स्थिर नहीं हैं, जोर से नाच रहे हैं। कभी-कभी लहरें ईर्ष्या से सुन्दरियों के कंधे पर जा चढ़ती है और जो किनारे खड़ी हैं। उनके चरणों पर पछाड़ें खा रही हैं, सिर पटक रही है। ऐसा लग रहा है कि वे कहती है–"देहि पदपल्लवमुदारम्!" अंत में उनके पैरों में लगे हुए आलता के रंग को धोकर अपने अंगों में मल लेती हैं।

कुछ देर बाद ही देखोगे कि हवा की गति धीरे-धीरे बढ़ रही है और वह जयदेव की कविता के समान कानों को मधुर नहीं लगती और वह भैरवी रागिनी में कानों के पास मधुर वीणा नहीं बजाती। फिर देखते हो कि हवा का गर्जन बहुत बढ़ गया, हुंकार का स्वर गूँज उठा। बरबस लहरें बढ़कर सिर उठाकर पछाड़े खाने लगीं। अंधकार हो उठा। प्रतिकूल पवन ने नाव का रास्ता ही रोक दिया है। नाव का मुँह पकड़कर बल में डुबकी खिलाने लगी, कभी उसका मुँह फेर देने लगी। यह भाव समझकर तुम पवनदेव को प्रणाम करके नाव को किनारे लगा लो।

शैवलिनी की नाव की ठीक यही दशा हुई। थोड़ी ही देर में हवा अत्यंत प्रबल हो उठी। नाव उल्टी हवा के कारण चल न सकी। रक्षकों ने भद्रहाटी के घाट पर नाव रोक दी। क्षण भर में ही नाव के पास एक नाइन आयी। वह सधवा थी, रंगीन किनारे की साड़ी पहने थी, जिसका आँचल

भी रंगीन था, हाथ में लाख की चूड़ियाँ थी। नाइन नाव पर खड़ी देखती रही और घूँघट काढ़े हुए थी। नाव के अधिकारी लोग मौन होकर नाइन को देख रहे थे।

एक और शैवलिनी का भोजन बन रहा था। वह अब भी हिन्दू है। एक ब्राह्मण रसोई बना रहा था। एक ही दिन में किसी को बीवी नहीं बना लिया जाता। फॉस्टर जानते थे कि यदि शैवलिनी न भागी और यदि प्राण-त्याग नहीं किया, तो एक दिन वह अवश्य मेज पर बैठकर मुसलमान के बनाये हुए भोजन को अच्छा कहकर खाएगी। किन्तु अभी जल्दी ही क्या है। अभी जल्दी करने से सबकुछ खराब हो जाएगा। यही सोचकर फॉस्टर ने नौकरों की सलाह लेकर एक ब्राह्मण शैवलिनी के साथ कर दिया था। ब्राह्मण भोजन बना रहा था, पास ही एक दासी खड़ी होकर सामान दे रही थी। नाइन उसी नौकरानी के पास गई और उससे कहा–"बहन, तुम लोग कहाँ से आ रही हो?"

नौकरानी को क्रोध आया, खासकर वह एक अंग्रेज की नौकरी कर रही थी, बोली–"तुझे क्या पड़ी है रे औरत! हम लोग दिल्ली होकर मक्का से आ रहे हैं!"

नाइन ने हक्का-बक्का होकर कहा, नाव में क्या कोई लड़के-लड़की का कार्य है–"सो मैं नहीं पूछती हूँ। हम नाई हैं, तुम लोगों के लिए ही मैं पूछ रही हूँ।"

नौकरानी कुछ नरम पड़ी, बोली–"अच्छा, अभी पूछकर आती हूँ।" यह कहकर वह शैवलिनी के पास पूछने गई कि वह आलता लगाएगी कि नहीं। जिस कारण भी हो, शैवलिनी कुछ मनफेर करने का उपाय सोच रही थी। उसने कहा–"आलता लगाऊँगी।" तब रखवालों की सलाह से नौकरानी ने नाइन को नाव के भीतर भेज दिया। वह स्वयं फिर पहले की तरह रसोईघर के पास जा बैठी।

नाइन ने शैवलिनी को देखकर अपना घूँघट और लम्बा कर लिया और उसके पैर को पकड़कर आलता लगाने लगी।

शैवलिनी ने नाइन को ध्यान से कुछ-कुछ देखा। देखती हुई बोली–"नाइन तुम्हारा नाम क्या है?"

फिर भी उत्तर नहीं मिला।

"नाइन, तुम रो रही हो?"

नाइन कोमल स्वर में बोली–"नहीं।"

"हाँ रो रही हो" "कहकर शैवलिनी ने नाइन के घूँघट को हटा दिया। नाइन रो रही थी।

घूँघट हट जाने पर जरा-सा हँसी।

शैवलिनी ने कहा–"मैंने आते ही पहचान लिया। मेरे सामने घूँघट मृत्यु और क्या! तू यहाँ आई कहाँ से।"

नाइन और कोई नहीं–वही सुन्दरी ठाकुर! सुन्दरी ने आँखों के आँसू पोंछकर कहा–"जल्दी जाओ! मेरी यह साड़ी पहन लो, मैं उतार देती हूँ। ये लाख चूड़ियाँ पहन लो और घूँघट डालकर नाव से बाहर चली जाओ!"

शैवलिनी ने खिन्न स्वर में पूछा–"तू यहाँ आई कैसे?"

सुन्दरी–"कहाँ से आई, कैसे आई इसको बताने का समय मिलेगा, तब बताऊँगी। तुम्हें ढूँढ़ती हुई यहाँ आ पहुँची। लोगों ने बताया कि पालकी गंगा की ओर गई है। मैं भी सुबह उठकर किसी को बिना कुछ बताए, खोजती हुई गंगा के किनारे आ पहुँची। लोगों ने कहा कि बजरा उत्तर की ओर गया है। बहुत दूर चलते-चलते पैर थक गये। तब एक नाव किराये पर करके तुम्हारे पीछे आ रही हूँ। तुम्हारी बड़ी नाव चलती नहीं मेरी नाव छोटी थी, इसलिए शीघ्र आकर पकड़ लिया।"

शैवलिनी–"तब।"

सुन्दरी–"अब तुम यह मेरी साड़ी पहन लो, ये लाख की चूड़ियाँ पहनो और घूँघट डालकर नाव से उतर जाओ। कोई भी पहचान नहीं सकेगा। किनारे-किनारे जाना। डोंगी पर मेरे स्वामी को देखोगी। उन्हें नन्दोई कहने में शर्माना मत और डोंगी पर चढ़ जाना। तुम्हारे जाते ही वे डोंगी खोल देंगे और तुम्हें घर ले जाएँगे।"

शैवलिनी ने थोड़ी देर विचार किया,फिर पूछा–"फिर तुम्हारी दशा?"

सुन्दरी–"मेरे लिए चिंता मत करो। बंगाल में ऐसे अंग्रेज नहीं हैं जो सुन्दरी ब्राह्मणी को नाव में बंद रख सके। हम ब्राह्मण-कन्या है, ब्राह्मण की स्त्री हैं। हम यदि अपने मन को पक्का रखेंगी तो पृथ्वी पर हमारे लिए कोई विपत्ति नहीं। तुम जाओ, किसी भी प्रकार हो मैं रात तक घर पहुँच जाऊँगी। विपत्ति के नाश करने वाले मधुसूदन भगवान का मुझे भरोसा है। तुम अधिक देर न करो! तुम्हारे नन्दोई ने अब तक खाना नहीं खाया है। आज भी खाना खाएँगे कि नहीं, कह नहीं सकती।"

शैवलिनी–"अच्छा मान लो, मैं घर गई। घर जाने पर मुझे घर में घुसने देंगे नहीं?"

सुन्दरी–"यह लो, घुसने क्यों नहीं देंगे? नाव पर ही पड़ी रहोगी क्या?"

शैवलिनी–"देखो, अंग्रेज मुझे निकाल ले आया है। अब क्या मेरी जाति रह गई है?"

सुन्दरी आश्चर्य में पड़कर शैवलिनी के मुख की ओर ताकने लगी। शैवलिनी की ओर मर्मभेदी तीव्र दृष्टि डालने लगी। दवा से छू गए साँप के समान अभिमानिनी शैवलिनी ने अपना मुँह नीचे झुका लिया।

सुन्दरी ने तनिक कठोर भाव से पूछा–"सच्ची बात बताओगी?"

शैवलिनी–"बताऊँगी। तुम्हारे पूछने की जरूरत नहीं, ऐसे ही बताती हूँ। साहब के साथ मेरा अब तक सामना नहीं हुआ है। मुझे अपनाने पर स्वामी का धर्म नष्ट नहीं होगा।"

सुन्दरी–"तब तुम्हारे स्वामी तुम्हें अपना लेंगे, इसमें सन्देह न करना। वे धर्मात्मा हैं, अधर्म नहीं करेंगे। तब अब व्यर्थ की बातों में समय नष्ट न करो!"

शैवलिनी कुछ देर चुप रही, कुछ रोई फिर आँखों का आँसू पोंछकर कहने लगी–"मैं जाऊँगी, मेरे स्वामी भी मुझे अपनायेंगे किन्तु क्या मेरा कलंक कभी मिटेगा?"

सुन्दरी ने कोई उत्तर नहीं दिया। शैवलिनी कहने लगी– "इतने पर भी गाँव की छोटी लड़कियाँ मेरी ओर उँगली उठाकर कहेंगी या नहीं देखो, उसको अंग्रेज उठाकर ले गया था! ईश्वर न करें, किन्तु यदि कभी पुत्र होगा तो उसके अन्न-प्राशन में निमन्त्रण देने पर मेरे घर कौन खाने आएगा? यदि कभी पुत्री हुई तो उसके साथ कौन ब्राह्मण अपने पुत्र का विवाह करेगा मेरे इस समय लौट जाने पर क्या कोई विश्वास करेगा कि मैं अपने धर्म में पवित्र हूँ? मैं घर लौटकर कैसे मुख दिखाऊँगी?"

सुन्दरी ने कहा–"जो भाग्य में था, वह हुआ। वह तो अब किसी प्रकार लौटेगा नहीं! कुछ काट तो सब दिन भुगतना पड़ेगा, किन्तु अपने घर तो रहोगी।"

शैवलिनी–"किस सुख के लिए? किस सुख की आशा में इतना कष्ट सहन करने घर जाऊँगी? न पिता, न माता, न भाई।

सुन्दरी–"क्यों स्वामी? यह नारी का जन्म और किसके लिए है?

शैवलिनी–"सब तो जानती हो।"

सुन्दरी–"जानती हूँ, पृथ्वी पर जितनी पापिनियाँ हैं, तुम्हारे समान पापिनी कोई भी नहीं है। जिस स्वामी के समान स्वामी संसार में दुर्लभ है, उसके स्नेह में तुम्हरा रहना लगता नहीं। बच्चे जिस प्रकार खेल की पुतली का आदर करते हैं, उस प्रकार वे स्त्री का आदर करना नहीं जानते। ब्रह्मा ने उन्हे पञ्चर का गढ़कर और उस पर रंग चढ़ाकर नहीं सजाया उन्हें मनुष्य बनाया है वे धर्मात्मा है, पण्डित हैं और तुम पापिष्ठा हो। उनमें तुम्हारा मन क्यों लगेगा? तुम अन्धे से भी

अधिक अन्धी हो, इसीलिए नहीं समझ पाती कि तुम्हारे स्वामी तुम्हें जिस प्रकार प्रेम करते हैं, नारी-जन्म में उस प्रकार का प्रेम मिलना दुर्लभ है। बहुत पुण्य के फल-स्वरूप तुमने स्वामी से इस प्रकार का प्रेम पाया है। उसे छोड़ो, वे सब बातें दूर करो, वे बातें इस समय की नहीं हैं। वे नहीं भी प्रेम करते हैं, तो भी उन्हीं के चरणों की सेवा में समय बिता देने में ही तुम्हारा जन्म सार्थक है। और अधिक देर क्यों करती हो? मुझे क्रोध आ रहा है।"

शैवलिनी–"देखो, घर में होने पर मैं मन में सोचती थी कि यदि पिता के वंश में किसी का पता पाती तो उसी के घर जाकर रहती। नहीं तो काशी में जाकर भीख माँगकर खाऊँगी, नहीं तो जल में डूब मरूँगी। इस समय मुंगेर जा रही हूँ। जाऊँ देखू, मुंगेर केसा है! देखें, राजधानी में भीख मिलती है या नहीं। मरना तो है ही, नहीं होगा तो मर जाऊँगी, मरना तो हाथ ही में है। इस समय मृत्यु के अतिरिक्त कोई उपाय ही क्या है! किन्तु मरूँ या बचूँ। मैं प्रतिज्ञा करती हूँ कि अब घर नहीं लौटूँगी। तुमने इतना कष्ट उठाया लौट जाओ। मैं कहीं जाऊँगी नहीं मन में जान लेना कि मैं मर गई। मैं मरूँगी यह निश्चय समझना! तुम जाओ!"

उस समय सुन्दरी ने कुछ नहीं कहा। रोना रोकर उठ खड़ी हुई। कहा–"आशा करती हूँ कि तुम शीघ्र ही मरोगी। भगवान के सामने मन, वचन और शरीर से प्रार्थना करती हूँ कि मरने का तुम्हें साहस हो, जिससे मुंगेर जाने के पहले तुम्हारी मौत हो जाए। आँधी में हो, तूफान में हो, या नाव के डूबने से हो–मुंगेर पहुँचने के पहले तुम्हारी मौत हो जानी चाहिए।"

यह कहकर सुन्दरी ने नाव से निकलकर आलता की डिबिया जल में फेंक दी और स्वामी के पास लौट गई।

पाँचवाँ परिच्छेद

चन्द्रशेखर का आगमन

चन्द्रशेखर ने भविष्य की गणना करके देखा, देखकर राजकर्मचारी से कहा–"महाशय, आप नवाब से कह दीजिये, मैं गणना नहीं कर सका।"

राजकर्मचारी ने पूछा–"क्यों महाशय?"

चन्द्रशेखर ने कहा–"सारी बातें गणना से ही नहीं जानी जा सकती हैं। यदि ऐसा होता तो मनुष्य सर्वज्ञ हो जाता। मैं ज्योतिष में विशेष पारंगत नहीं हूँ।"

"राजा की अप्रिय बात बुद्धिमान लोग प्रकट नहीं करते। जो हो, आपने जो कहा, मैं वैसा ही नवाब से कह दूँगा।"

चन्द्रशेखर विदा हुए। राजकर्मचारी को उनका राह-खर्च देने का साहस नहीं हुआ। चंद्रशेखर ब्राह्मण हैं और पण्डित, किन्तु ब्राह्मण-पण्डित नहीं। वे भीख नहीं माँगते और किसी से दान भी नहीं लेते।

घर लौटते समय दूर से उन्हें अपना घर दिखाई पड़ा। देखते ही उनके मन में प्रसन्नता जग उठी। "विदेश से लौटते समय चन्द्रशेखर तत्त्वज्ञ थे, तत्व के जिज्ञासु थे अपने आप से ही उन्होंने पूछा अपने नगर को देखकर मन में प्रसन्नता क्यों जाग उठती है? मैंने इतने दिन क्या खाने और सोने का कष्ट पाया है। घर जाकर विदेश की अपेक्षा कौन-कौन-सा विशेष सुख पाकर सुखी होऊँगा? इस उम्र में मुझे भारी मोह-बन्धन में पड़ना पड़ा है, इसमें सन्देह नहीं। इसी घर में मेरी प्रियतमा पत्नी रहती है, इसलिए मुझे इतनी प्रसन्नता हो रही है। यह सारा विश्व-ब्रह्मांड ब्रहम है। यदि ऐसा ही है तो किसी के प्रति अधिक प्रेम और किसी के प्रति घृणा क्यों होती है? सभी तो वे ही सच्चिदानन्द हैं। वह जो मेरा बिस्तर लेकर आ रहा है, उसकी ओर तो एक बार भी लौटकर देखने की इच्छा नहीं हुई। क्यों? उस खिले हुए कमल के समान मुख वाली के मुख-कमल को देखने के लिए मन इतना चंचल क्यों हो रहा है। भगवान के वाक्य में श्रद्धा नहीं करता किन्तु मैं अत्यंत कठिन मोह-जाल में जकड़ा हूँ। इस मोह-जाल को काटने की इच्छा भी नहीं होती। यदि अनंत काल तक जीवित रहूँ, तो भी अनंत काल तक इसी मोह में पड़े रहने की लालसा रहेगी। कितनी देर में फिर शैवलिनी को देखूँगा?"

सहसा चन्द्रशेखर के मन में अत्यंत भय उत्पन्न हुआ। यदि घर जाकर शैवलिनी को नहीं देख पाया तो? क्यों नहीं देख पाऊँगा। यदि बीमार हो गई हो तो? बीमारी तो सबको होता है, अच्छी हो जाएगी।

चन्द्रशेखर ने मन में सोचा–"बीमारी की बात मन में आते ही इतना दुःख क्यों? किसे बीमारी नहीं होती फिर भी यदि कोई कठिन बीमारी हुई हो तो?" चन्द्रशेखर तेजी से चल पड़े। "यदि बीमारी हुई हो तो मैं का पाठ करूँगा और ईश्वर उसे अच्छा कर देगा। यदि बीमारी अच्छी न हुई तो, चन्द्रशेखर की आँखों में आँसू आ गये। उन्होंने सोचा भगवान मुझे इस उम्र में ऐसा रत्न देकर क्या छीन लेंगे?' इसमें आश्चर्य ही क्या है? क्या मैं उनका कृपा-पात्र हूँ कि वे मेरे भाग्य में सुख को छोड़कर दुःख लिखेंगे ही नहीं? तो क्या यह घोर दुःख मेरे भाग्य में है! यदि जाकर देखें कि शैवलिनी नहीं है तो? यदि जाकर सुनूँ कि शैवलिनी ने कठिन रोग में प्राण त्याग दिया। ऐसा होने पर मैं मरूँगा नहीं।

चन्द्रशेखर बहुत तेजी से चल पड़े। गाँव में पहुँचकर उन्होंने देखा कि उनके पड़ोसी उनके मुँह की ओर बड़े ही गम्भीर भाव से देख रहे हैं। चन्द्रशेखर उनकी उस दृष्टि का अर्थ नहीं समझ सके। बच्चे उन्हें देखकर धीरे-धीरे हँसने लगे। कोई-कोई दूर रहकर ही उनके पीछे चलने लगे। बुड्ढों ने उन्हें देखकर पीठ फेर ली। चन्द्रशेखर आश्चर्य में पड़ गये किसी ओर न देखकर अपने घर के दरवाजे पर जा पहुँचे।

दरवाजा बंद था। बाहर से दरवाजे को धक्का देने पर नौकर ने बाहर का द्वार खोल दिया। चन्द्रशेखर को देखकर नौकर रो पड़ा। चन्द्रशेखर ने पूछा–"क्या हुआ?" नौकर बिना कुछ कहे रोता हुआ चला गया।

चन्द्रशेखर ने मन में सोच इष्टभगवान का स्मरण किया। देखा घर में झाड़ू नहीं लगा है, चण्डी के मण्डप में धूल भरी है। जगह-जगह मशाल के टुकड़े जगह-जगह दरवाजे टूटे हुए। चन्द्रशेखर घर के भीतर घुसे। देखा, सभी कमरों के द्वार बाहर से बंद हैं। देखा कि नौकरानी उन्हें देखते ही वहाँ से खिसक गई। इतना उन्होंने सुना कि वह घर के बाहर जाकर चिल्लाकर रोने लगी। तब चन्द्रशेखर आँगन, में खड़े होकर बहुत ही उँचे और बिगड़े स्वर में पुकारने लगे–"शैवलिनी!"

किसी ने उत्तर नहीं दिया। चन्द्रशेखर के बिगड़े हुए स्वर को सुनकर रोती हुई नौकरानी भी शान्त हो गई।

चन्द्रशेखर ने फिर पुकारा। घर में उनकी आवाज प्रतिध्वनित होने लगी, पर किसी ने उत्तर नहीं दिया।

उस समय शैवलिनी को लेकर जा रही नाव पर, गंगा के जल को छूकर बहते हुए मृदु पवन से लहराता हुआ अंग्रेज का लाल झण्डा उड़ रहा था। मल्लाह गीत गा रहे थे।

चन्द्रशेखर ने सब कुछ सुना।

तब वे अपने घर में स्थापित शालिग्राम की शिला को यत्न के साथ सुन्दरी के पिता के घर रख आए। कपड़े और अन्य सामग्री आदि गृहस्थी का धन अपने गरीब पड़ोसियों को बुलाकार बाँट दिया। शाम तक उन्होंने ये ही सब कार्य किये। शाम को अपने पढ़े हुए और पढ़ने योग्य, अपने रक्त के समान प्रिय ग्रन्थों को एक-एक करके लाकर इकट्ठा किया, एक-एक करके आँगन में सजाया। सजाते समय बीच-बीच में किसी-किसी को खोला, फिर बिना पढ़े ही उन्हें बाँध दिया। सबको आँगन में इकट्ठा करके सजाया। सजाकर उसमें आग लगा दी।

आग जल उठी। पुराण, इतिहास, काव्य, अलंकार, व्याकरण क्रमश: सब में आग लग गई। मनु, पराशर, याज्ञवल्क्य आदि स्मृतियाँ, न्याय, वेदान्त, साक्ष्य आदि दर्शन, कल्यसूत्र, आरण्यक, उपनिषद–सब एक-एक करके आग में जलने लगे। बहुत यत्न से इकट्ठा किया हुआ, बहुत दिनों से पढ़ा हुआ वही अमूल्य पुस्तकों का ढेर जलकर राख हो गया था।

एक पहर रात गए ग्रन्थों को जलाना समाप्त करके, चन्द्रशेखर केवल एक उत्तरीय वस्त्र लेकर अपने घर को छोड़कर चले गए। कहाँ गए, किसी ने नहीं जाना किसी ने पूछा भी नहीं।

दूसरा खण्ड
पाप

पहला परिच्छेद

कुलसूम

"नहीं, चिड़िया नहीं नाचेगी। तू इस समय अपनी बात कह"–दलनी बेगम ने यह कहकर, जो मोर नहीं नाचा था, उसकी पूँछ पकड़कर खींची। अपने हाथ का हीरे से जड़ा कंगन निकालकर मोर के गले में पहना दिया। एक बहुत बोलने वाले काकातुआ के मुँह और आँखों में गुलाब की पिचकारी दे दी। काकातुआ ने 'दासी'कहकर उसे गाली दी। यह गाली दलनी ने स्वयं उसे सिखाई थी।

पास ही एक दासी चिड़िया को नचाने का यत्न कर रही थी, उसी से दलनी ने कहा–"अब तू अपनी बात कह।"

कुलसूम ने कहा–"कहानी और क्या है! हथियारों से लदी हुई दो नावें घाट पर आ पहुँची है। उस पर एक अंग्रेज चढ़ा हुआ है। वे दोनों नावें रोक ली गई हैं। अली इब्राहीम खाँ ने कहा–नावें छोड़ दो, उन्हें रोक लेने पर खामखा अंग्रेजों के साथ लड़ाई हो जाएगी। गुरगन खाँ ने कहा लड़ाई होनी है तो हो, मैं नावें छोड़ूँगा नहीं।"

दलनी–हथियार जाते कहा हैं?"

कुलसूम ने कहा–उस जगह को अंग्रेज जबर्दस्ती छोड़ेंगे नहीं, इसी से वहाँ हथियार भेज रहे हैं। यही बात तो किले में फैली है।

दलनी–"तो गुरगन खाँ रोकना क्यों चाहते हैं?"

कुलसूम–"कहते हैं, वहाँ इतने हथियार जमा हो जाने पर लड़ाई जीतना मुश्किल होगा। दुश्मन को बढ़ने देना अच्छा नहीं! अली इब्राहीम खाँ कहते हैं कि हम लोग कुछ भी करें, अंग्रेजों से कभी लड़ाई में जीत नहीं सकेंगे। इसलिए हम लोगों का लड़ाई न करना तय है। तो नाव को रोक लड़ाई क्यों मोल लें? सचमुच यह सच्ची बात है। अंग्रेजों के हाथ से बचाव नहीं है। मालूम पड़ता है कि नवाब सिराजुद्दौला वाला काण्ड फिर होगा!"

दलनी थोड़ी देर तक सोचती रही। बाद में कहा–"कुलसूम, तू एक हिम्मत का कार्य कर सकती है।"

कुलसूम–"क्या? ठंडे पानी में नहाना होगा? या एलिस मछली खानी होगी।"

दलनी–"दूर हो! यह कोई तमाशा नहीं है। भनक पा जाने पर आलीजाह तुझे और मुझे हाथी के दो पैरों के नीचे फेंक देंगे।"

कुलसूम–"भनक पाने पर न! इतने इत्र-गुलाब, सोने-चाँदी की चोरी की, क्यों। किसी ने भी तो भनक न पाई। मेरी समझ में आता है कि मर्दों की आँखें सिर्फ माथे की खूबसूरती के लिए हैं, उनको कुछ दिखाई नहीं पड़ता। क्यों, औरतों की चालाकी की खबर कभी मर्दों को मिली है, ऐसा तो मैंने कभी नहीं देखा!"

दलनी–"चुप रह! मैं खोजा, खानसामा आदि की बातें नहीं कहती हूँ। नवाब आलीजाह दूसरे मर्दों की तरह नहीं हैं। वे नहीं जान सकेंगे क्या?"

कुलसूम–"मैं नहीं छिपा सकूँगी क्या! क्या करना होगा?"

दलनी–"एक बार गुरगन खाँ के पास एक खत भेजना होगा।"

कुलसूम–ताज्जुब में पड़कर चुप हो गई। दलनी ने कहा–"क्या कहती है?"

कुलसूम–"खत कौन देगा?"

दलनी–"मैं।" कुलसूम–"वो क्यों? क्या पागल हो गई हो?"

दलनी–"शायद!"

दोनों चुप होकर बैठी रहीं। उन दोनों को चुप देखकर दोनों मोर अपने-अपने रहने की लकड़ी पर जा चढ़े। काकातुआ निरर्थक चिल्लाने लगा। दूसरे पक्षी खाने में लग गए।

कुछ देर बाद कुलसूम ने कहा–"कार्य तो बहुत छोटा है। किसी खोजा को कुछ दे देने से ही वह इसी वक्त खत दे आएगा। लेकिन यह कार्य है बड़ा ही सख्त! नवाब के जान लेने पर दोनों ही मरेंगे। जो हो, अपना कार्य तुम्ही जानो। मैं तो बाँदी हूँ। खत दो और कुछ नकद दो।"

बाद में कुलसूम पत्र ले गई। इसी पत्र के आधार पर भाग्य ने दलनी और शैवलिनी को एक में जोड़

दूसरा परिच्छेद

गुरगन खाँ

जिसके पास दलनी का पत्र गया, उसका नाम गुरगन खाँ था। इस समय बंगाल में जितने भी शाही कर्मचारी थे, उनमें केवल एक गुरगन खाँ सबसे बड़े और सबसे योग्य थे। वे जाति

से अरमानी थे और उनकी पैदाइश की जगह इस्फहान थी। कहा जाता है कि वे पहले कपड़े बेचा करते थे। किन्तु वे असाधारण गुणों वाले और प्रतिभाशाली आदमी थे। शाही कार्य मिल जाने पर थोड़े ही दिनों में उन्होंने सेनापति का पद प्राप्त कर लिया। सिर्फ इतना ही नहीं, सेनापति हो जाने पर उन्होंने एक गोलन्दाज सेना बनाई, यूरोपीय ढंग से उनको सुरक्षित और सुसज्जित किया। कमानें, बन्दूकें जो उन्होंने तैयार कराई वे यूरोप से भी बढ़कर होने लगीं। उनकी गोलन्दाज सेना हर तरह से अंग्रेजों की गोलन्दाज सेना के समान हो उठी। मीर कासिम को भरोसा था कि वे गुरगन खाँ की सहायता से अंग्रेजों को हरा सकेंगे। गुरगन खाँ का पद-अधिकार भी उसी के अनुसार हो गया। उनकी सलाह के बिना मीर कासिम कोई कार्य नहीं करते थे। उसकी सलाह के खिलाफ अगर कोई कुछ कहता तो मीर कासिम उसकी सुनते नहीं थे। परिणाम यह हुआ कि गुरगन खाँ एक छोटे नवाब हो गए। इसलिए मुसलमान कार्याध्यक्ष उनके विरुद्ध हो उठे।

रात का दूसरा पहर था, किन्तु गुरगन खाँ अभी सोये नहीं थे, अकेले दीपक के उजाले में बहुत-से पत्र पढ़ रहे थे, वे सब कलकत्ता के बहुत से अरमानियों के पत्र थे। पत्रों को पढ़कर उन्होंने नौकर को बुलाया। चोबदार आकर खड़ा हुआ। गुरगन खाँ ने कहा–"सब दरवाजे खुले हैं?"

चोबदार ने कहा–"खुले हैं।"

गुरगन खाँ–"अगर कोई मेरे पास आवे तो उसे कोई नहीं रोके, यह न पूछे कि तुम कौन हो? यह बात सबको समझा दो।

चोबदार ने कहा–"हुक्म की तामील होगी।"

गु०–"अच्छा, तुम दूर ही रहो!"

तब गुरगना खाँ ने पत्रों को बाँधकर उपयुक्त स्थान पर छिपा दिया। मन में सोचने लगे–"इस समय किस रास्ते जाऊँ? यह हिन्दुस्तान इस समय एक समुद्र के समान है। जो जितना ही डूबेगा, वह उतने रत्न निकालेगा। किनारे बैठकर लहरें गिनने से क्या होगा? देखो, मैं गज से नापकर कपड़े बेचता था–इस वक्त मेरे डर से हिन्दुस्तान हिल रहा है; मैं ही बंगाल का हाकिम हूँ। कौन हाकिम है? हाकिम तो अंग्रेज तिजारती हैं और मीर कासिम उनके गुलाम हैं, और मैं मीर कासिम का गुलाम हूँ। मैं हुकूमत करने वालों के गुलाम का गुलाम हूँ–बड़ा ऊँचा दर्जा है! एक बार धक्का देना है। लेकिन अंग्रेजों को मुल्क से दूर किये बिना मैं हुकूमत नहीं कर सकता। मैं बंगाल का मालिक होना चाहता हूँ–"मीर कासिम को मैं नहीं मानता। जिस दिन मन में आ गया, मीर कासिम को मसनद से उठाकर फेंक दूँगा। यह तो मुझे ऊँची जगह पर पहुँचाने की सीढ़ी है। जिस वक्त मैं ऊपर पहुँच गया, सीढ़ी को फेंक सकता हूँ। काँटे तो ये पापी अंग्रेज हैं। वे सब मुझे

पकड़ना चाहते हैं, और मैं उन्हें कब्जे में लेना चाहता हूँ। मैं उनके हाथ में नहीं आऊँगा, इसलिए मैं ही उन्हें मुट्ठी में लूँगा। मीर कासिम इस वक्त मसनद पर है। उसका मददगार बनकर बंगाल से अंग्रेजों का नाम मिटा दूँगा। इसीलिए कोशिश करके युद्ध ठानता हूँ। बाद में मीर कासिम को विदा करूँगा। यही राह अच्छी है। लेकिन आज एकाएक पत्र कैसे पा गया? यह लड़की इतने खतरे के कार्य में क्यों लग गई?

कहते-कहते जिसकी बात सोच रहे थे, वह आकर सामने खड़ी हो गई। गुरगन खाँ ने उसे अलग आसन पर बैठाया। वह दलनी बेगम थी।

गुरगन खाँ ने कहा–"आज बहुत दिनों पर तुम्हें देखकर बड़ी खुशी हुई। तुम जब से नवाब के हाथ में गई, तब से तुमको फिर नहीं देखा। लेकिन तुमने यह खतरनाक कार्य क्यों किया?"

दलनी ने कहा–"खतरनाक क्यों?"

गुरगन–"तुम नवाब की बेगम होकर रात में छुपकर अकेली चोरी से मेरे पास आयी हो–यह अगर नवाब जान जाएँ तो तुम्हें और मुझे दोनों को कत्ल करवा देंगे।"

दलनी–"अगर जान ही जाएँ तो आपका और मेरा जो संबंध है, उसे खोल दूँगी। ऐसा करने पर गुस्सा करने की कोई वजह ही न रह जाएगी।"

गुरगन–"तू लड़की है, इसीलिए ऐसा भरोसा रखती है। इतने दिनों तक हमने इस रिश्ते को जाहिर नहीं किया है। तुम मुझे पहचानती हो या मैं तुम्हें पहचानता हूँ यह बात आज तक किसी पर मैंने जाहिर नहीं की, इस वक्त आफत में पड़कर बताने पर कौन भरोसा करेगा? लोग कहेंगे कि यह सिर्फ बचने की तरकीब है। तुमने यहाँ आकर अच्छा नहीं किया!"

दलनी–"नवाब के जान पाने की क्या आशंका है? सब पहरेदार आपके पाबंद है। आपके दिये हुए ये चिन्ह देखकर उन्होंने मुझे छोड़ दिया। एक बात पूछने के लिए मैं आयी हूँ। अंग्रेजों से लड़ाई होगी, क्या यह बात सच है?"

गुरगन–"यह बात क्या तुम किले में बैठकर नहीं सुन पाती?"

दलनी–"सुन पाती हूँ। किले में सुना कि अंग्रेजों से लड़ाई होना तय है और आप ही ने इस जंग को बुलाया है क्यों?"

गुरगन–"तुम बच्ची हो, इसे किस प्रकार समझोगी?"

दलनी–"मैंने बच्ची की तरह बात की है या बच्ची की तरह कार्य कर रही हूँ? मुझे जिस जगह अपनी मदद की शक्ल में नवाब के हरम में आपने रखा है, उस जगह बच्ची कहकर न मानने से क्या कार्य चलेगा?"

गुरगन–"न चले! अंग्रेजों से लड़ाई होने पर तुम्हारा या मेरा क्या नुकसान? होता है तो हो न!"

दलनी–"आप क्या जीत पाएँगे?"

गुरगन–"जीतने की ही उम्मीद है?"

दलनी–"आज तक अंग्रेजों को किसने जीता है?"

गुरगन–"अंग्रेजों ने गुरगन खाँ जैसे कितनों से लड़ाई की है?"

दलनी–"सिराजुद्दौला ने भी यही सोचा था! जो हो, मैं औरत हूँ मन जो समझता है, मैं उसी का भरोसा करती हूँ। मेरा मन तो कहता है कि हम किसी भी प्रकार अंग्रेजों से लड़ाई करके जीत नहीं सकेंगे। इस लड़ाई में हम लोगों का सब कुछ मिट जाएगा। इसलिए मैं आरजू करने आयी हूँ कि आप इस लड़ाई में हाथ न डालिएगा।"

गुर०–"इन सब कामों में औरतों की सलाह नहीं ली जाती।"

दलनी–"मेरी सलाह माननी होगी! मेरी आप हिफाजत करें।" गुरगन खाँ ताज्जुब में पड़ गये। कहा–"तुम रोती क्यों हो? अगर मीर कासिम तख्त से महरूम हो जाएँगे तो मैं तुम्हें अपने मुल्क में ले चलूँगा।"

क्रोध से दलनी की आँखें लाल हो उठी। उसने गरजकर कहा–"तुम क्या भूले जा रहे हो कि मीर कासिम मेरे शौहर (स्वामी) हैं?"

"मैं चारों ओर अँधेरा देख रही हूँ!" कहकर दलनी रोने लगी। गुरगन खाँ ने कुछ विस्मित और कुछ हक्के-बक्के से होकर कहा–"नहीं, भूल नहीं रहा हूँ! लेकिन किसी का शौहर हमेशा नहीं रहा। एक शौहर के जाने पर दूसरा शौहर मिल सकता है। मुझे उम्मीद है कि तुम एक दिन हिन्दुस्तान की दूसरी नूरजहाँ हो जाओगी।"

दलनी क्रोध से काँपती उठ खड़ी हुई। आँसुओं को रोककर अपनी आँखें फाड़कर रोती हुई कहने लगी–"तुम्हारा नाश हो! किसी बुरी साइत में तुम्हारी बहन होकर पैदा हुई थी, किसी बुरी घड़ी में मैंने तुम्हारी मदद करने का वायदा किया था। औरतों में जो प्यार, रहम और धरम है, उसे तुम नहीं जानते। अगर तुम इस लड़ाई के इरादे से हट जाओ तो अच्छा ही है, नहीं तो आज से तुम्हारे साथ मेरा कोई ताल्लुक नहीं रहा। ताल्लुक ही नहीं क्यों, आज से तुम्हारे साथ मेरा दुश्मनी का नाता है, मैं समझूँगी कि तुम्हीं मेरे सबसे बड़े दुश्मन हो। तुम भी समझना कि मैं तुम्हारी सबसे बड़ी दुश्मन हूँ–इस शाही हरम में मैं तुम्हारी सबसे बड़ी दुश्मन हुई।"

यह कहकर दलनी बेगम जल्दी से यहाँ से निकलकर बाहर चली गई। दलनी के चले जाने पर गुरगन खाँ सोचने लगे। उन्होंने समझा कि दलनी अब उनकी नहीं, मीर कासिम की हो गई है।

भाई कहकर उसे प्यार कर सकती है, लेकिन उसकी प्रेम मीर कासिम पर ज्यादा है। भाई को जब अपने सौहर का बुरा चाहने वाला समझती है या समझेगी, तब शौहर की भलाई के लिए भाई का बुरा कर सकती है। इसलिए फिर उसे किले में घुसने देना ठीक नहीं है। गुरगन खाँ ने नौकर को बुलाया। एक हथियारबंद आदमी हाजिर हुआ। गुरगन खाँ ने उसके जरिये हुक्म भेज दिया कि पहरेदार दलनी को किले में न घुसने दें।

घोड़े पर चढ़कर दूत किले के दरवाजे पर पहले ही पहुँच गया था। दलनी ने यथासमय किले के दरवाजे पर जाकर सुना, उसको किले में जाने देना मना है।

सुनकर दलनी कटी हुई लता की भाँति धरती पर बैठ गई। आँखों से जल धारा बहने लगी। उसने कहा–"भाई ने मुझे खड़ी होने की जगह नहीं छोड़ी।"

कुलसूम ने कहा–"लौटकर सिपहसालार (सेनापति) के घर चलो।"

दलनी ने कहा–"कहाँ जाऊँ। मेरी जगह तो गंगा की लहरों में होगी।"

उस अँधेरी रात में जननी सड़क पर खड़ी होकर रोने लगी। सिर के ऊपर तारे चमक रहे थे, पेड़ों से खिले हुए फूलों की सुगन्ध आ रही थी। तनिक हवा के झोंके से, अँधेरे से ढके हुए पेड़ों के पत्ते मर्मर ध्वनि कर रहे थे। दलनी ने रोते हुए कहा–"कुलसूम!"

तीसरा परिच्छेद

दलनी का क्या हुआ?

एकमात्र दासी साथ में, रात के समय बेगम सड़क पर खड़ी होकर रोने लगीं। कुलसूम ने पूछा– "क्या कीजिएगा अब?"

दलनी ने आँखें पोछकर कहा–"काश! इसी वृक्ष के नीचे खड़ी होती हूँ, सुबह हो जाएगी।"

कुल०–"इस जगह सुबह होने पर हम पकड़े जाएँगे।"

कुल०–"इसका क्या डर? मैंने कौन-सा बुरा कार्य किया है कि डरूँगी?"

कुल०–"हम चोर की तरह महल छोडेकर चली आयी है क्यों आयी है, ये तो तुम्हीं जानो! मगर लोग क्या सोचेंगे, नवाब ही क्या-क्या सोचेंगे उसे महसूस करके देखो!

द०–"जो भी सोचें। खुदा हमारा इन्साफ करने वालें हैं, दूसरे की मैं कोई बात नहीं मानती। नहीं होगा तो मरूँगी, नुकसान क्या है?"

कु०–"मगर इस जगह खड़े होने से कौन-सा कार्य पूरा होगा?"

द०–"इसी जगह खड़ी होने से पकड़ी जाऊँगी इसी मकसद से यहाँ खड़ी रहूँगी। पकड़ी जाना ही मेरी ख्वाहिश है। जो पकड़ेगा, वह मुझे कहाँ ले जाएगा?"

कु०–"दरबार में।"

द०–"मालिक के पास? मैं वही जाना चाहती हूँ। मेरे जाने के लिए दूसरी जगह नहीं है। वे अगर मुझे मौत की सजा दें, तो भी मरते वक्त उनसे इतना कह सकूँगी कि मैं निर्दोष हूँ। बल्कि चलो, हम लोग किले के दरवाजे पर बैठे रहें उसी जगह जल्द पकड़ी जाएँगी।"

इसी समय दोनों ने भय के साथ देखा कि एक विशाल देहवाला आदमी गंगा के किनारे की ओर जा रहा है। वे वृक्ष के नीचे अँधेरे में जाकर छिप गई। फिर उन्होंने डरकर देखा कि वह आदमी गंगा की राह छोड़कर उसी वृक्ष की ओर चला आ रहा है। यह देखकर दोनों स्त्रियाँ और भी अँधेरे में जा छिपी।

वह विशालकाय आदमी वहीं आ पहुँचा और बोला उसने मानो अपने आप से ही कोमल स्वर में कहा ऐसा अभागा कौन है?" "इस जगह तुम कौन?" इतना कहकर "मेरी तरह रास्ते-रास्ते रात को जागकर बिताए।

उस बड़े डीलडौल वाले आदमी को देखकर स्त्रियों के मन में डर उत्पन्न हो गया था, किन्तु उसके गले की आवाज सुनकर वह डर जाता रहा। गला बड़ा ही मीठा दुःख और दया से भरा हुआ था। कुलसूम ने कहा–"हम औरतें हैं। आप कौन हैं?"

आदमी ने कहा–"मैं? तुम लोग कितनी हो? और इतनी रात को यहाँ क्या कर रही हो?"

तब दलनी ने कहा–"हम अभागिनें हैं, हमारी दुःख की बात सुनने से आपको क्या लाभ होगा?"

तब उस आदमी ने कहा–"मैं एक मामूली आदमी हूँ। मामूली आदमी से भी लोगों का भला हो सकता है। अगर तुम लोग विपत्ति में हो तो अपनी शक्ति के अनुसार मैं तुम्हारा भला करूँगा।"

द०–"हम लोगों का भला शायद नामुमकिन (असम्भव) है।"

आदमी ने कहा–"मैं मामूली आदमी एक दरिद्र ब्रह्मचारी हूँ।"

दलनी–"आप जो भी हों, आपकी बात सुनकर आप पर भरोसा करने को जी चाहता है। जो डूबता हुआ मर रहा है, वह सहारे की मजबूती और कमजोरी नहीं देखता। आप अगर हमारी मुसीबत सुनना चाहते हों तो सड़क से दूर चलें। रात में कौन कहाँ है, कहा नहीं जा सकता। हमारी बात सबके सामने कहने की नहीं है।"

तब ब्रह्मचारी ने कहा–"तो तुम मेरे साथ आओ।" यह कहकर वे दलनी और कुलसूम को साथ लेकर नगर को चल पड़े। एक छोटे घर के सामने पहुँचकर द्वार को हाथ से थपथपाकर "रामचरण!" कहकर पुकारा। रामचरण ने आकर द्वार खोल दिया। ब्रह्मचारी ने उसे दीप जलाने की आज्ञा दी।

रामचरण ने दीपक जलाकर ब्रह्मचारी को साष्टांग प्रणाम किया। तब ब्रह्मचारी ने रामचरण से कहा–"तुम जाकर सो जाओ!" सुनकर रामचरण एक बार दलनी और कुलसूम की ओर देखता हुआ कहाँ चला गया। कहने की जरूरत नहीं कि उस रात को रामचरण को नींद नहीं आयी। ठाकुर जी इतनी रात गए दो स्त्रियों को लेकर क्यो आए उसकी यह भावना तीव्र हो उठी। रामचरण अपने मन में ब्रह्मचारी को भगवान समझता था, उन्हें जितेन्द्रिय जानता था उस विश्वास में कमी नहीं हुई। अंत में रामचरण ने निणर्य किया–"मालूम होता है, ये दोनों स्त्रियाँ विधवा हो गई हैं, इन्हें सती हो जाने के लिए समझाने को ठाकुर जी ने इन्हें बुलाया है। कितनी दुःख की बात है, इतनी ही बात में अब तक समझ न सका था।

ब्रह्मचारी एक आसन पर बैठ गए। स्त्रियाँ धरती पर बैठ गई। पहले दलनी ने अपना परिचय दिया। बाद में दलनी ने रात की सारी घटना को निष्कपट भाव से खोलकर कह दिया।

सुनकर ब्रह्मचारी ने मन-ही-मन सोचा–"भाग्य का लिखा क्या मिट सकता है? जो होना है, वह अवश्य ही होगा अवश्य ही करूँगा!" यही कहकर पुरुषार्थ को छोड़ देना उचित नहीं है। जो कर्तव्य है, उसे मैं करूँगा।

हाय ब्रह्मचारी ठाकुर, ग्रन्थों को क्यों जला दिया। सब ग्रन्थ जल गए किन्तु, हृदय का ग्रन्थ तो भस्म नहीं हुआ। ब्रह्मचारी ने दलनी से कहा–"मेरी सलाह तो यह है कि आप एक बार भी नवाब के सामने न जाएँ। पहले पत्र के द्वारा पूरी-पूरी बात उन्हें बताएँ। यदि आपके लिए उनके मन में प्रेम होगा तो वे आप की बातों पर अवश्य विश्वास करेंगे। बाद में उनकी आज्ञा पाने पर उनके सामने जाइए।

दलनी–"पत्र लेकर जाएगा कौन?"

ब्रह्म०–"मैं भेज दूँगा।"

तब दलनी ने कागज और कलम माँगी। ब्रह्मचारी ने रामचरण को फिर जगाया। रामचरण कागज-कलम आदि रखकर चला गया। दलनी पत्र लिखने लगी।

ब्रह्मचारी ने तुरंत कहा–"यह घर मेरा नहीं है लेकिन जब तक नवाब की आज्ञा न पा जाएँ, तब तक इसी जगह रहे–कोई जान न पाएगा, या कोई कुछ पूछेगा भी नहीं।"

विवश होकर स्त्रियों ने इसे स्वीकार किया। लिखना पूरा होने पर दलनी ने उसे ब्रह्मचारी के हाथ में दिया। स्त्रियों के रहने के बारे में रामचरण को यथोचित रीति से समझा-बुझाकर ब्रह्मचारी चले गए। मुंगेर के जितने हिन्दू राज्य-कर्मचारी थे, ब्रह्मचारी उन सबसे खूब परिचित थे। मुसलमान भी उन्हें पहचानते थे, इसलिए सभी कर्मचारी उन्हें मानते थे।

मुंशी सलाहगोविन्द सलाह ब्रह्मचारी के विशेष भक्त थे। ब्रह्मचारी सूर्योदय होने पर मुंगेर के किले में घुसे और सलाहगेविन्द से मिलकर उन्हें दलनी का पत्र दिया। कहा–"मेरा नाम न लेना। एक ब्राह्मण पत्र लाया है, यही बताना।"

मुंशी ने कहा–"आप उत्तर पाने के लिए कल आइएगा।" किसका पत्र है, यह मुंशी ने नहीं जाना। ब्रह्मचारी फिर ऊपर बताए गए घर में लौट आये। दलनी को देखकर कहा–"कल उत्तर आएगा। किसी तरह आज समय बिताओ।"

रामचरण ने सुबह आकर देखा, सती होने का कोई लक्षण नहीं है! इसी घर के दूसरे भाग में एक दूसरे व्यक्ति सोए हुए है। यहाँ उनका कुछ परिचय देना होगा। उनका चरित्र लिखते-लिखते, शैवलिनी के पाप से सनी हुई मेरी लेखनी पुण्यमयी हो जाएगी।

चौथा परिच्छेद

प्रताप

सुन्दरी बड़ा क्रोध करके शैवलिनी के बजरे से चली आयी थी। सारी राह वह स्वामी के पास शैवलिनी को गाली देती हुई आयी थी। कभी 'अभागी' कभी 'घोड़मुँही', कभी 'कलमुँही' इत्यादि प्रिय सम्बोधनों से शैवलिनी को पुकारकर अपने पति के कौतूहल को बढ़ाती हुई आ रही थी। घर आकर वह बहुत रोयी। उसके बाद चन्द्रशेखर आकर देशत्यागी होकर चले गए। उसके बाद कुछ दिन यूँ ही बीते। शैवलिनी या चन्द्रशेखर किसी का कोई समाचार नहीं मिला। उस समय सुन्दरी ढाके की साड़ी पहनकर गहने पहने बैठी थी।

पहले कह चुका हूँ कि सुन्दरी चन्द्रशेखर के पड़ोसी की पुत्री और संबंध में उनकी बहन लगती थी। उसके पिता एकदम अकेले न हो जाय, इसलिए सुन्दरी बराबर पिता के ही घर में रहती थी। उसके पति श्रीनाथ एकदम घरजवाई न होकर भी कभी-कभी ससुराल में आकर रहते थे। जो श्रीनाथ शैवलिनी की विपत्ति के समय वेदग्राम में थे, उनका परिचय पहले ही दिया गया

है। सुन्दरी ही घर की गृहिणी है। उसकी माँ रोगी है और कुछ कर नहीं सकती। सुन्दरी की एक और छोटी बहन थी, उसका नाम रूपसी था। वह अपनी ससुराल में ही रहती थी।

सुन्दरी ने ढाके की साड़ी और गहने पहनकर पिता से कहा–"मैं रूपसी को देखने जाऊँगी, उसके बारे में मैंने बड़े बुरे सपने देखे हैं। सुन्दरी के पिता कृष्णकमल चक्रवर्ती पुत्री के वश में थे, एक-दो अड़चन की बात कहकर बाद में राजी हो गए। सुन्दरी रूपसी की ससुराल गई और श्रीनाथ अपने घर।

रूपसी का स्वामी कौन है? वही प्रताप। शैवलिनी के साथ विवाह कर लेने पर चन्द्रशेखर ससुराल के पड़ोसी के पुत्र प्रताप को बराबर देखते थे। चन्द्रशेखर प्रताप के चरित्र से बड़े सन्तुष्ट हुए। सुन्दरी की बहन रूपसी जब बड़ी हुई, तब उनके साथ विवाह करा दिया। केवल इतना ही नहीं, चन्द्रशेखर करीम अली खाँ के शिक्षा-गुरु थे, उनके साथ विशेष हिले-मिले थे। उन्होंने नवाब की सरकार में प्रताप को नौकरी दिला दी। प्रताप दिन-पर-दिन अपने गुणों से उन्नति करता गया। इस समय प्रताप जमींदार है। उसकी विशाल कोठी है और नाम देश-विख्यात। सुन्दरी की पालकी उसी के नगर में घुसी। रूपसी ने उसे देखकर प्रणाम किया और आदर के साथ घर में ले गई। प्रताप ने आकर साली का समाचार पूछा।

बाद में समय पर प्रताप ने सुन्दरी से वेदग्राम की सारी बातें पूछीं। और बातों के बाद चन्द्रशेखर की बात भी पूछी।

सुन्दरी ने कहा–"मैं वही बात कहने आयी हूँ; कहती हूँ–सुनो!" यह कहकर सुन्दरी ने चन्द्रशेखर और शैवलिनी के गृहत्याग की बात विस्तार के साथ कह दी। सुनकर प्रताप विस्मित और स्तब्ध हो गया। कुछ देर बाद प्रताप ने सिर उठाकर कुछ रूखे भाव से सुन्दरी से कहा–"इतने दिनों तक मुझसे यह बात कह क्यों नहीं भेजी?"

सु०–"क्यों, तुम्हें कहकर क्या होगा?"

प्र०–"क्या होगा? तुम स्त्रीजाति हो, तुम्हारे सामने बड़ाई नहीं करूँगा। मुझसे कह भेजने से कुछ भला हो ही जाता!"

सु०–"तुम भला करोगे या नहीं, यह जानती कैसे?"

प्र०–"क्यों, तुम क्या जानती नहीं हो, मेरा सब कुछ चन्द्रशेखर के पास ही है?"

सु०–"किन्तु सुनती हूँ कि बड़े आदमी हो जाने पर पहले की बातें भूल जाती हैं।"

प्रताप क्रोध, अधीर और चुप होकर उठ गए। उनका क्रोध देखकर सुन्दरी को बड़ी प्रसन्नता हुई।

दूसरे दिन प्रताप एक रसोइया और केवल एक नौकर को लेकर मुंगेर चल पड़े। नौकर का नाम था रामचरण। प्रताप कहाँ गए, यह किसी को बताया नहीं। केवल रूपसी से कह गए कि मैं चन्द्रशेखर और शैवलिनी की खोज में जा रहा हूँ और बिना खोज किए लौटूँगा नहीं।"

ब्रह्मचारी जिस घर में दलनी को रख गए, वही मुंगेर में प्रताप का स्थान था।

सुन्दरी ने कुछ दिन बहन के पास रहकर जी भरकर शैवलिनी को गाली दी। सुबह, दोपहर को, शाम को सुन्दरी, रूपसी के पास यह प्रमाणित करने को बैठती कि शैवलिनी के समान पापिनी, अभागिन दूसरी किसी ने जन्म नहीं लिया। एक दिन रूपसी ने कहा–"ये तो ठीक है मगर तब उसके लिए इतनी दौड़-धूप करके मर क्यों रही हो?"

"उसका सिर काटने के लिए, उसको यमराज के घर भेजने के लिए, उसके मुँह सुन्दरी ने कहा बनाया है!"

रूपसी ने कहा–"दीदी, तू बड़ी चिड़चिड़ी है।"

सुन्दरी ने उत्तर दिया–"उसी ने तो मुझे चिड़चिड़ी बनद्या है!"

पाँचवाँ परिच्छेद

गंगा किनारे

कलकत्ते की कौंसिल ने तय किया कि नवाब के साथ युद्ध होगा। इस समय आज़िमाबाद (पटना) की कोठी पर कुछ हथियार भेज देना जरूरी है। इसलिए एक नाव पर हथियार लाद दिये गए।

आजिमाबाद के अध्यक्ष एलिस साहब को कुछ गुप्त निर्देश भेजना जरूरी है। आमियट साहब नवाब के साथ झगड़ा मिटाने के लिए मुंगेर में है। वहाँ वे क्या कर रहे हैं, क्या बात हुई, बिना उसे जाने एलिस को कोई निश्चित निर्देश भी दिया नहीं जा सकता। इसलिए एक चतुर कर्मचारी को वहाँ भेजना आवश्यक हो गया जो आमियट से मिलकर उनकी सलाह लेकर एलिस के पास जाए और कलकत्ता कौंसिल का अभिप्राय आमियट को समझा दे।

इन्हीं सब कामों के लिए गवर्नर बासिटार्ट ने फास्टर को पुरन्दरपुर से बुलाया कि वह हथियारों वाली नाव की रक्षा और निरीक्षण करता हुआ जाए और आमियट से मिलकर पटना जाए। इसलिए फास्टर को कलकत्ता पहुँचते ही पश्चिम की यात्रा करनी पड़ी। उसने इन सब बातों

का समाचार पहले ही पा लिया था। इसलिए शैवलिनी को पहले ही मुंगेर भेज दिया था। फास्टर ने रास्ते में ही शैवलिनी को पकड़ा। उस ने हथियारों की नाव शैवलिनी के नाव के साथ मुंगेर लाकर किनारे बाँध दी। फिर वह आमियट से मिलकर बिदा हुआ; किंतु इसी समय गुरगन खाँ ने नाव रोक दी। तब आमियट के साथ नवाब की बहस छिड़ गई। आज आमियट के साथ फास्टर की यह बात तय हुई कि यदि नवाब नाव छोड़ दें तो ठीक ही है; नहीं तो फास्टर हथियारों की नाव छोड़कर पटना चला जाएगा।

फास्टर की दो नावें मुंगेर के घाट पर बँधी थीं। एक तो देशी नाव थी जो आकार में बहुत बड़ी थी और दूसरा बजरा था। देशी नाव पर नवाब के कुछ सिपाही पहरा दे रहे थे, किनारे भी कई सिपाही थे। इसी पर हथियार लदे थे और इसी को गुरगन खाँ रोकना चाहता था।

जिस बजरे पर हथियार नहीं लदा था। वह बजरे से पचास हाथ दूर था। उस जगह नवाब का कोई पहरा नहीं था। छत के ऊपर अंग्रेजों का एक 'तिलंगा' सिपाही बैठकर नाव की रखवाली कर रहा था।

रात की पहर जा चुकी थी। अँधेरी रात थी, लेकिन आकाश साफ था। बजरे का पहरेदार कभी उठता, बैठता और कभी टहल रहा था। किनारे पर एक छोटा सा जंगल था। उसी के भीतर छिपकर एक आदमी किसी को देख रहा था। देखने वाला स्वयं प्रतापसलाह थे।

प्रतापसलाह ने देखा कि पहरेदार टहल रहा है। तब वे चुपके से पानी में उतरे। पहरेदार ने पानी की आवाज सुनकर टहलते-टहलते पूछा–"हुकुमदार?" प्रतापसलाह ने कोई उत्तर नहीं दिया। पहरेदार फिर टहलने लगा। नाव के भीतर फास्टर सावधान होकर जाग रहा था। उसने भी पहरेदार की आवाज सुनकर नाव के भीतर से ही इधर-उधर नजर दौड़ाई तो देखा, एक आदमी नहाने के लिए पानी में उतर रहा है!

इसी समय सहसा कसाड़ के वन में बन्दुक की आवाज सुनाई दी। बजरे का पहरेदार गोली से घायल होकर पानी में जा गिरा। तब जहाँ नाव की छाया का अँधेरा पड़ रहा था, उसी जगह आकर प्रताप होंठ तक पानी में डूबे खड़े रहे।

बन्दुक की आवाज होते ही दूसरी नाव के सिपाहियों ने कहा–'क्या है? क्या है?" कहकर हड़बड़ी मचा दी। नाव के और लोग भी जाग पड़े। फास्टर बन्दुक हाथ में लेकर बाहर निकला।

फास्टर आकर चारों ओर इधर-उधर देखने लगा। उसने देखा, उसका तिलंगा पहरेदार गायब हो गया है। तारों के उजाले में उसने देखा, उसकी मरी हुई देह डूब रही है। उसने पहले सोचा कि नवाब के सिपाहियों ने उसे गोली मारी है किन्तु उसी समय कसाड़वन के ऊपर एक हल्की

धुएँ की रेखा देखी। फिर देखा कि उसके साथ की दूसरी नाव के सब लोग सारी बात जानने के लिए दौड़े हुए चले आ रहे हैं। आकाश में तारे चमक रहे थे। गंगा के किनारे सैकड़ों बड़ी नावों की कतारे अँधेरे में सोयी हुई राक्षसी की भाँति शान्त पड़ी थी। कलकल ध्वनि करती हुई गंगा बह रही थी। उसी धारा में पहरेदार की लाश बहती जा रही थी। पल भर में ही फास्टर ने यह सब देखा। कसाड़ के वन के ऊपर हल्की चंचल धुएँ की रेखा देखकर फास्टर अपने हाथ की बन्दुक उठाकर उसी जंगल की ओर निशाना लगा रहा था। फास्टर ने तुरंत समझ लिया कि इसी वन के भीतर शत्रु छिपा हुआ है। यह भी समझा कि शत्रु ने छिपकर पहरेदार को मार गिराया है। वह इसी समय उसे मार सकता है। किन्तु वह प्लासी की लड़ाई के बाद भारत में आया था। इस देश का आदमी अंग्रेज पर निशाना साध सकता है, इस बात को उसने मन में जगह न दी। विशेषकर जो अंग्रेज होकर इस देश के लोगों से डरे, उसका तो मर जाना ही अच्छा है–यही सोचकर वह खड़ा होकर बन्दुक उठा रहा था किन्तु उसी क्षण वन में आग की लपट-सी जल उठी, फिर बन्दूक गरजी। फास्टर सर पर चोट खाकर पहरेदार की भाँति गंगा की धारा में गिर पड़ा। उसके हाथ की बन्दुक खड़खड़ाती हुई नाव के ऊपर गिर पड़ी।

उसी समय प्रताप ने अपनी कमर से छूरी निकालकर नाव की सारी बँधी हुई रस्सियाँ काट डालीं। वहाँ पानी थोड़ा था, धारा को कम देखकर मल्लाहों ने लंगर नहीं डाला था। यदि लंगर डाला भी होता तो भी फुर्तीले और बलवान प्रताप को विशेष कठिनाई न होती। प्रताप एक छलांग मारकर बजरे के ऊपर जा पहुँचा।

इस घटना के वर्णन में जितना समय लग रहा है, उसके सौवें हिस्से में ही सारा कार्य हो गया था। पहरेदार का गिरना, फास्टर का बाहर आना उसका गिरना और प्रताप का नाव पर चढ़ना, इन सब में जितना समय लगा था, उसमें दूसरी नाव के लोग आ नहीं सके किन्तु तभी वे लोग भी आ गए।

सबने आकर देखा, नाव प्रताप की चालाकी से बाहर पानी में चली गई है। एक आदमी कूदकर नाव पकड़ने लगा। प्रताप ने एक लग्गी उठाकर उसके सिर पर मारी, वह लौट गया फिर कोई आगे नहीं बढ़ा। उसी लग्गी को पानी में लगाकर प्रताप ने नाव को धक्का दी। नाव घूमकर गहरी धारा से पूर्व की ओर चल पड़ी।

लग्गी को हाथ में लेकर प्रताप ने लौटकर देखा, एक और तिलंगा सिपाही नाव की छत पर घुटने के बल बैठकर बन्दुक उठा रहा है। प्रताप ने लग्गी घुमाकर उसके हाथ पर दे मारी। उसका हाथ बेकार हो गया और बन्दुक हाथ से छूटकर गिर पड़ा। वह बन्दुक प्रताप ने उठा ली। फास्टर के हाथ से गिरी हुई बन्दुक भी ले ली। तब उन्होंने नाव में रहने वालों से कहा–"सुनो, मेरा नाम

प्रतापसलाह है। नवाब भी मुझसे डरते हैं। ये दो बन्दुके और लग्गी की लाठी से, मैं समझता हूँ, तुम में से बहुतों को अकेले ही मार सकता हूँ। यदि तुम लोग मेरी बात मानोगे तो किसी को कुछ नहीं करूँगा। मैं पतवार पर जा रहा हूँ, सभी माँझी आकर डाँड़े पकड़े। सभी जहाँ है, वहीं रहे। जो हिलेगा वह मारा जाएगा नहीं तो किसी को कोई डर नहीं है।"

यह कहकर प्रतापसलाह ने माझियों को एक-एक करके लग्गी से कोंच-कोंचकर उठाया। तब सब ने चुपचाप डाँड़े पकड़ लिये। प्रतापसलाह ने जाकर नाव की पतवार पकड़ ली। इसके बाद किसी ने कुछ भी नहीं कहा। नाव बड़ी तेजी से चलने लगी। दूसरी नाव पर से दो-एक बन्दुक की आवाजें हुईं। मगर किसे निशाना लगाना होगा, तारों के उजाले में कोई कुछ भी निश्चित न कर सका, इसलिए वह भी समाप्त हो गया। फिर दूसरी बड़ी नाव से कई आदमी बन्दूक लेकर एक डोंगी नाव से बजरे को पकड़ने आए। प्रताप ने पहले कुछ नहीं कहा। उनके पास आ जाने पर दो निशाने बन्दूक से उन पर लगाकर छोड़े। कुछ लोग घायल हुए। जो लोग बचे वे डरकर डोंगी लौटाकर भाग निकले।

कसाड़ के वन में छिपा हुआ रामचरण प्रताप को सफल और सुरक्षित देखकर तथा दूसरी नाव के सिपाहियों को जंगल में खोजने के लिए आते देखकर धीरे-धीरे वहाँ से भाग गया।

छठा परिच्छेद

बज्राघात

रात में गंगा पर विचरने वाली उस नाव में नींद से जाग उठी शैवलिनी।

बजरे में दो कमरे थे। एक में फास्टर था, दूसरे में शैवलिनी और उसकी दासी। शैवलिनी अब भी मेम के कपड़ों में नहीं थी। पहनावा में वही काले किनारे की साड़ी, हाथों में बाजू बंद, पैरों में कड़े, और साथ में वही पुरन्दरपुर वाली दासी पार्वती। शैवलिनी सोते हुए सपना देख रही थी वही भीमा पोखरी के चारों ओर जल छूने वाली पेड़ों की डालियों से सुशोभित पोखरी का किनारा, जो अंधकार की रेखा से घिरा हुआ है। शैवलिनी मानों उसमें कमल होकर मुँह डुबाये हुए है। सरोवर में मानों एक सोने का बना राजहंस घूम रहा है, किनारे एक सफेद सूअर घूम रहा है। राजहंस को देखकर शैवलिनी मानो उसे पकड़ने के लिए उत्सुक हो उठी। किन्तु राजहंस उसकी ओर से मुँह फेरकर चला जाता है। सूअर मानो शैवलिनी रूपी कमल को पकड़ने के लिए घूम रहा है। राजहंस का मुँह दिखाई नहीं पड़ रहा है, किन्तु सूअर का मुख देखकर मालूम पड़ता है, मानो

फास्टर का मुँह है। शैवलिनी राजहंस को पकड़ना चाहती है, किन्तु पैर कमल-नाल बनकर पानी के नीचे बँध गए हैं। उसमें चलने की शक्ति नहीं है। इधर सूअर कह रहा है–"मेरे पास आओ, मैं हंस एकड़ दूँगा।" पहली बन्दूक की आवाज सुनकर शैवलिनी की नींद टूट गई उसके बाद पहरेदार के पानी में गिरने की आवाज आई। अधूरी टूट्टी नींद के नशे में कुछ देर तक वह समझ नहीं सकी। वही राजहंस और सूअर मन में याद आने लगे। जब फिर बन्दुक की आवाज हुई और बड़ा कोलाहल हो उठा, तब पूरी तरह से उसकी नींद टूटी। बाहर के कमरे में आकर दरवाजे से एक बार देखा, पर कुछ समझ नहीं पाई। फिर भीतर आयी जहाँ दीपक जल रहा था। पार्वती भी उठ गई थी। शैवलिनी ने पार्वती से पूछा–"क्या हो रहा है, कुछ समझ आ रहा तुमको?"

पा०–"कुछ नहीं। लोगों की बातों से ऐसा लगता है कि नाव में डाका हो रही है। किसी ने साहब को मारकर फेंक दिया है हमारे ही पापों का फल है!"

शै०–"साहब को मारा है, इसमें हमारे पापों का क्या फल है? साहब के ही पापों का फल है!"

पा०–" विपत्ति हमारी ही है इसीलिए डाका पड़ रहा है!"

शै०–"विपक्ति क्या है? एक डाकू के साथ गोरे डाकू के हाथ से छूटकर काले डाकू के हाथ में नहीं होगा तो फिर डाकू के साथ जाएँगी। यदि पड़े तो बुरा क्या है?"

यह कहकर शैवलिनी छोटे से सिर से पीठ पर लटकती हुई वेणी को हिलाकर, थोड़ा हँसकर, छोटे-से पलंग पर जाकर बैठ गई। पार्वती ने कहा–"तुम्हारी हँसी इस समय मेरे से सही नहीं जाती।"

शैवलिनी ने कहा–"सही नहीं जाती तो गंगा के जल में डूब मरो! मेरे हँसने का समय आया है, मैं हसूँगी। एक डाकू को बुला लाओ एक बात पूछेंगे।"

पार्वती नाराज होकर बोली–"बुलाना नहीं पड़ेगा, वे अपने आप ही आ जाएँगे।"

किन्तु डेढ़ घण्टे बीत गए, कोई डाकू नहीं आया। शैवलिनी ने दु:खित होकर कहा– "हम लोगों का भाग्य ही खराब है! डाकू भी बुलाकर पूछते नहीं।"

पार्वती डर से काँपने लगी।

बड़ी देर बाद नाव आकर एक जगह किनारे पर लग गई। नाव कुछ देर वहीं लगी रही। फिर कई लठैत एक पालकी लेकर आ पहुँचे। उनके आगे-आगे रामचरण था।

कहारों ने पालकी किनारे रख दी। रामचरण बजरे पर चढ़कर प्रताप के पास गया। बाद में प्रताप से निर्देश पाकर वह कमरे में घुसा। पहले उसने पार्वती के मुँह की ओर देखकर फिर शैवलिनी की ओर देखा और उससे कहा–"आप उतरिये!"

शैवलिनी ने पूछा–"तुम कौन हो? मुझे कहाँ ले जाओगे?"

रामचरण ने कहा–"मैं आपका नौकर हूँ। कोई चिंता नहीं है। मेरे साथ आइए। साहब मर गया।"

शैवलिनी उठकर रामचरण के साथ बाहर आयी और रामचरण के साथ ही नाव से उतरी। पार्वती साथ जा रही थी। मगर रामचरण ने उसे मना कर दिया। पार्वती डर से नाव में ही रह गई। रामचरण ने शैवलिनी को पालकी में चढ़ने को कहा शैविलनी पालकी पर चढ़ गई। रामचरण पालकी के साथ प्रताप के घर चला गया।

दलनी और कुलसूम तब भी उसी घर में रह रहती थीं। उन सबकी नींद टूट जाएगी–यह सोचकर, वे जहाँ थी, शैवलिनी को लेकर वहाँ नहीं गया। ऊपर ले जाकर उसको आराम करने को कहकर रामचरण दिपक जलाकर शैवलिनी को प्रणाम कर के दरवाजा बंद करके विदा हुआ।

शैवलिनी ने पूछा–"यह किसका घर है?" रामचरण ने उसकी बात पर ध्यान ही नहीं दिया।

रामचरण ने अपनी बुद्धि खर्च करके शैवलिनी को प्रताप के घर ला रखा। प्रताप की ऐसी आज्ञा नहीं थी। उन्होंने रामचरण को कहा था कि पालकी जगत सेठ के घर ले जाना। रामचरण ने रास्ते में सोचा–"इतनी रात में जगन सेठ का घर खुला पाऊँगा या नहीं? दरवान घुसने देंगे या नहीं? पूछने पर क्या बताऊँगा? परिचय बताने पर क्या मैं पकड़ा जाऊँगा?

इन सबकी जरूरत नहीं। इस समय अपने डेरे पर चलना ही ठीक है। यही सोचकर वह पालकी को डेरे पर लेकर आया।

इधर प्रताप यह देखकर कि पालकी चली गई, नाव से उतरे। पहले ही सब उनके हाथ में बन्दुक देखकर चुप हो गये थे। इस समय उनके लठैत सहायकों को देखकर कोई कुछ बोला नहीं। प्रताप नाव से उतरकर अपने घर की ओर चले। उनके घर आकर द्वार खटखटाने पर रामचरण ने दरवाजा खोल दिया। रामचरण ने उनकी आज्ञा के विपरीत कार्य किया है, यह उन्होंने घर आकर रामचरण से सुना। सुनकर कुछ क्रोधित हुए, कहा–"अब भी उसे साथ लेकर जगत सेठ के घर जाओ उसे बुलाकर ले आओ!"

रामचरण ने आकर देखा, लोग सुनकर अचरज करेंगे कि शैवलिनी नींद में थी। इस दशा में नींद नहीं आती। आती है या नहीं–हम नहीं जानते हम तो जैसा हुआ, वैसा ही लिखते हैं। रामचरण ने शैवलिनी को जगाया नहीं, उसने लौटकर प्रताप से कहा–"वे सो रही है; जगा दूँ क्या?" यह सुनकर प्रताप अचरज में पड़ गये। मन-ही-मन कहा–"चाणक्य पण्डित लिखना भूल गए कि, स्त्रियों की नींद पुरुषों से सोलहगुनी अधिक होती है।" रामचरण से कहा–"इतने कष्ट की जरूरत नहीं। तुम भी सोओ! मेहनत पूरी हो गई। मैं भी थोड़ा विश्राम् करूँगा।"

रामचरण सोने गया। किन्तु तब भी रात थी। घर के बाहर नगर में चारों ओर सन्नाटा और अँधेरा था। प्रताप अकेले चुपचाप उठे और अपने कमरे की ओर चले। वहाँ पहुँचकर द्वार खोला और देखा, पलंग पर सोयी हुई शैवलिनी थी। रामचरण यह कहना भूल गया था कि प्रताप के सोने के कमरे में ही उसने शैवलिनी को रखा है।

प्रताप ने जलते हुए दीपक के प्रकाश में देखा कि सफेद शय्या के ऊपर बहुतेरे सुंदर खिले हुए फूलों की ढेरी लगी हुई है, मानो वर्षा ऋतु में गंगा के स्थिर श्वेत जल के विस्तार पर खिले हुए कमलों की ढेरी उतर रही है। मनमोहक शान्त शोभा देखकर प्रताप तुरन्त आँखें हटा नहीं सके। सुंदरता पर मुग्ध होकर अथवा इन्द्रियों के वशीभूत होने के कारण उनकी आँखें हटी नहीं, ऐसी बात नहीं थी, केवल अन्यमनस्कता के कारण वे विमुग्ध की भाँति देखते रह गये। बहुत दिनों पुरानी बात उन्हें याद आ गई। सहसा स्मृति के समुद्र के मंथित होने से लहर पर लहर उठने लगी।

शैवलिनी सोयी नहीं थी, आँखें मूंदकर अपनी दशा पर विचार कर रही थी। आँखें मुंदी हुई देखकर रामचरण ने समझ लिया था कि शैवलिनी सो गई है। गहरी चिंता के कारण, प्रताप के आने की पैरों की आवाज उसे पहले सुनाई नहीं पड़ी। प्रताप बन्दुक को हाथ में लेकर ऊपर आए थे। अब उन्होंने बन्दुक को दीवाल में ठोकर देते हुए रखा। कुछ अनमने हो गए थे, इसलिए सावधानी के साथ बन्दूक रखी नहीं जा सकी। बन्दूक रखते ही गिर पड़ी। उसी आवाज को सुनकर शैवलिनी आँखें खोलकर उठ गई। उसने जोर से कहा–"यह क्या है? तुम कौन हो?"

शैवलिनी यह कहकर पलंग पर मूर्छित हो गई। प्रताप जल लाकर शैवलिनी के मुँह पर छीटे देने लगे। वह मुख शिशिर की ओस की बूँदों से सुशोभित कमल-सी शोभा पाने लगा। पानी सभी कुंचित केश गुच्छों को भिगाकर, उन्हें सीधा करके चूने लगा। वे केश कमल से लगे हुए सेवार के समान शोभा पाने लगे।

शीघ्र ही शैवलिनी होश में आई। प्रताप खड़े हो गये। शैवलिनी ने शान्त भाव से कहा–"तुम कौन हो–प्रताप? अथवा कोई भगवान छलने के लिए आया है?"

प्रताप ने कहा–"मैं प्रताप ही हूँ।"

शै०–"नाव में एक बार ऐसा लगा कि तुम्हारी बोली सुनाई पड़ी है किन्तु तभी समझा आया यह भ्रम है। मैं सपना देखते-देखते जागी थी, इसलिए भ्रम समझा था।"

यह कहकर शैवलिनी एक लंबी साँस के साथ चुप हो गई। शैवलिनी स्वस्थ हो गई है, यह देखकर प्रताप बिना कुछ बोले जाने को तैयार हो गया। शैवलिनी ने कहा–"जाना मत!"

प्रताप अनिच्छा से खड़ा रहा। शैवलिनी ने पूछा–"तुम यहा क्यों आये हो?"

प्रताप ने कहा—"मेरा यही डेरा है।"

शैवलिनी सचमुच स्वस्थचित्त नहीं हुई थी। उसके हृदय में आग की ज्वला जल रही थी। उसका नाखून काँप रहा था, पूरा शरीर रोमांचित हो उठा था। उसने थोड़ी देर और चुप रहकर, धीरज समेटकर फिर कहा—"मुझे यहाँ कौन लाया है?"

प्र०—"हम लोग ले आए है।

शै०—"हम लोग? हम लोग कौन?"

प्र०—"मैं और मेरा नौकर।"

शै०—"तुम लोग मुझे यहाँ क्यों ले आये? तुम लोगों का क्या मतलब है?"

प्रताप बहुत नाराज हुआ; कहा—"तुम्हारे समान पापिनी का मुँह देखने के लिए नहीं लाया हूँ। तुम्हें म्लेच्छ के हाथ से छुड़ाया, फिर भी तुम पूछ रही हो यहाँ क्यों ले आये?"

शैवलिनी ने प्रताप का क्रोध देखकर क्रोध नहीं किया नम्र भाव से, आँसुओं से भरे गले से कहा—"यदि म्लेच्छ के घर रहने को इतना दुर्भाग्य समझा था तो मुझे उसी जगह मारकर फेंक क्यों नहीं दिया। तुम लोगों के हाथ में बन्दूक तो थी।"

प्रताप बहुत क्रुद्ध होकर कहा—"वह भी कर डालता, केवल स्त्री-हत्या के भय से वैसा नहीं किया। लेकिन तुम्हारा मरना ही उचित है!"

शैवलिनी रोने लगी। कुछ देर बाद रोना रोककर कहा—"मेरा मरना ठीक है, किन्तु दूसरे जो भी चाहें, तुम मुझसे ऐसी बात कदापि न कहना! मेरी यह दुर्दशा किसके लिए हुई? तुम्हारे लिए। किसने मेरे जीवन को अंधकारमय बना दिया? तुमने। किसके कारण सुख की आशा छोड़कर बुरे और भले रास्ते का मुझे ज्ञान ही न रहा? तुम्हारे कारण। किसके कारण दुःखिनी हुई हूँ? तुम्हारे लिए। किसके लिए मैं गृहस्थी में मन नहीं लगा सकी? तुम्हारे लिए। तुम मुझे गाली न देना!"

प्रताप ने कहा—"तुम पापिष्ठा हो, इसलिए तुम्हें गाली दे रहा हूँ। मेरा दोष? ईश्वर जानते हैं, मैं किसी बात का दोषी नहीं हूँ। ईश्वर जानते हैं, इस समय भी मैं तुम्हें साँप समझकर डर से तुम्हारा रास्ता छोड़ देता हूँ। तुम्हारे ही विष के भय से मैंने वेदग्राम छोड़ दिया था। यह तुम्हारे अपने हृदय का दोष है—तुम्हारे स्वभाव का दोष है। तुम पापिनी हो, इसीलिए मुझे दोष दे रही हो। मैंने तुम्हारा क्या बिगाड़ा है?"

शैवलिनी गरज उठी—"तुमने क्या किया है? क्यों तुम अपनी यह अनुपम देवमूर्ति लेकर फिर मुझे दिखाई पड़े? मेरे खिलते हुए यौवन काल में उस रूप की ज्योति क्यों मेरे सामने जलायी जिसे एक बार भूल गई थी, उसे फिर क्यों जगा दिया? मैने क्यों तुम्हें देखा था? और देखा था तो पाया क्यों नहीं? नहीं पाया, तो मर क्यों न गई? तुम क्या जानते नहीं कि तुम्हारे ही रूप का ध्यान करके

मेरा घर वन हो गया था? तुम क्या नहीं जानते कि तुमसे संबंध टूट जाने पर, शायद कभी तुम्हें पा सकूँगी, इसीलिए मैंने घर को त्याग दिया है? नहीं तो फास्टर मेरा कौन था?"

यह सुनकर प्रताप के सिर पर बिजली टूट गई। बिच्छू के डंक से बिंधे हुए के समान व्यथित होकर वहाँ से वे तेजी से भाग निकले। उसी समय बाहर के दरवाजे पर अचानक बड़ी गड़बड़ी मच गई।

सातवाँ परिच्छेद

ग्लस्टन और जॉन्सन

शैवलिनी को पालकी पर लेकर रामचरण के चले जाने के बाद और प्रताप के नाव छोड़कर चले जाने पर, जो तिलंगा सिपाही प्रताप की चोट से घायल होकर छत के ऊपर बैठा था, वह धीरे-धीरे किनारे पर आया और जिस रास्ते पालकी गई थी, उसी रास्ते चला। बहुत दूर रहकर वह पालकी को देखता हुआ उसके पीछे-पीछे चलने लगा। वह जाति का मुसलमान था, उसका नाम था बकाउल्ला खाँ। क्लाइव के साथ जो सेना बंगाल में आयी थी, वह मद्रास से आयी थी; इसलिए अंग्रेजों के देशी सैनिकों को तब बंगाल के लोग तिलंगा कहते थे। किन्तु इस समय बहुत-से हिन्दुस्तानी, हिन्दू और मुसलमान अंग्रेजों की सेना में भर्ती हो गये थे। बकाउल्ला का घर गाजीपुर के पास था।

बकाउल्ला पालकी के साथ-साथ छिपकर प्रताप के घर तक आया और देखा कि शैवलिनी प्रताप के घर में गयी। तब बकाउल्ला अमियट साहब की कोठी पर गया।

वहाँ पहुँचकर बकाउल्ला ने देखा, कोठी पर एक बड़ी गड़बड़ हो गई है। बजरे का हाल अमियट सुन चुके थे। उसने सुना, अमियट साहब ने कहा है कि जो आज रात को ही पता लगा सकेगा, उसको वे एक हजार रुपया इनाम देंगे। तब बकाउल्ला अमियट साहब के सामने गया और उनको सारा हाल सुनाकर कहा–"मैं उस लुटेरे का घर दिखा सकता हूँ।" अमियट साहब का मुँह खिल उठा, टेढ़ी भौहें सीधी हो गई। उन्होंने चार सिपाही और एक नायक को बकाउल्ला के साथ जाने की आज्ञा दी। कहा–"बदमाशों को पकड़कर मेरे सामने लाओ।" बकाउल्ला ने कहा–"तब दो अंग्रेज भी साथ भेज दीजिए। प्रतापसलाह पूरा शैतान है, ये देशी लोग उसको पकड़ नहीं सकेंगे।"

ग्लस्टन और जॉन्सन नाम के दो अंग्रेज अमियट की आज्ञा से बकाउल्ला के साथ हथियारबंद चले।

चलते समय जॉन्सन ने बकाउल्ला से पूछा–"तुम उस घर में कभी गया था?

बकाउल्ला ने कहा–"नहीं।"

ग्लस्टन ने जॉन्सन से कहा–"तो बत्ती और दियासलाई भी ले लो। हिन्दू तेल नहीं जलाते, यह सोचकर कि खर्च हो जाएगा।"

जॉन्सन ने जेब में बत्ती और दियासलाई ले ली।

वे सब अंग्रेजों की रण-यात्रावाली तेज चाल में सड़क से चल पड़े। किसी ने बात नहीं की। पीछे-पीछे चार सिपाही, नायक और बकाउल्ला चले। नगर के पहरेदार उन्हें देखकर डर गए और किनारे हटकर खड़े हो गए। ग्लस्टन और जॉन्सन ने सिपाहियों के साथ उस घर के सामने चुपचाप आकर धीरे-धीरे दरवाजा बजाया।

रामचरण उठकर दरवाजा खोलने गया।

रामचरण था बेजोड़ नौकर। पैर की मालिश करने, शरीर की मालिश करने में उसका हाथ निपुण था। कपड़ों की तह करने, अंगराग लगाने में थी बड़ा पटु था। रामचरण की तरह कोई खरीददार नहीं–उसके समान चीजें खरीदने वाला दुर्लभ था। लेकिन ये सब गुण मामूली थे। रामचरण लाठीबाजी में सारे मुर्शिदाबाद में प्रसिद्ध था, बहुत-से हिन्दू और मुसलमान उसके हस्त-कौशल से धरती पर सो चुके थे। बन्दुक का उसका निशाना कितना अचूक होता था, उसका परिचय फास्टर के खून से गंगाजल में लिखा गया था।

किन्तु इन सबके अतिरिक्त रामचरण में एक और समयोपयोगी गुण था वह बहुत धूर्त था, साथ ही अनुपम स्वामिभक्त और विश्वासी था। धूर्तता। स्यार की रामचरण ने दरवाजा खोलने आकर सोचा–"इस समय दरवाजा कौन खटखटा रहा है? ठाकुर महाशय मालूम होते हैं। किन्तु जो हो, एक काण्ड करके हम लोग आ रहे हैं। रात में बिना देखे दरवाजा नहीं खुलेगा।" यही सोचकर वह आकर दरवाजे के पास चुपचाप खड़े होकर बातें सुनने लगा। उसने सुना कि दो आदमी एक बिगड़ी हुई भाषा में धीरे-धीरे बातें कर रहे हैं। रामचरण उसे 'इण्डिल-मिडिल' कहता था। इस समय लोग उसे अंग्रेज कहते हैं। रामचरण ने मन-ही-मन कहा–"रुको बाबा! दरवाजा खोलूँ तो बन्दुक हाथ में लेकर इण्डिल-मिडिल (अंग्रेज) पर जो विश्वास करे वह साला है।"

रामचरण ने और भी सोचा–"समझता हूँ कि एक ही बंदक का कार्य नहीं है, मालिक को भी बुलाऊँ।" यही सोचकर वह प्रताप को बुलाने के लिए दरवाजे से लौटा।

उसी समय अंग्रेजों का धीरज भी छूट गया। जॉन्सन ने कहा भागें! हिन्दुस्तानी किवाड़ अंग्रेजी लाठी के सामने टिकेंगे नहीं।" "राह क्या देखते हो, ग्लस्टन ने लाठी मारी। दरवाजा खड़-खड़, छड़-छड, झन-झन कर उठा। रामचरण दौड़ा। आवाज प्रताप के कान में पहुँची। प्रताप ऊपर से सीढ़ियाँ उतारने लगा। उस बार दरवाजा नहीं टूटा।

जॉन्सन ने बाद में लाठी मारी। दरवाजा टूट गया।

"इसी प्रकार अंग्रेजों के पैर की चोट से भारतवर्ष के सभी दरवाजे टूट पड़े। यह कहकर– अंग्रेज घर में घुसे। साथ ही सिपाही भी घुसे। सीढ़ी पर रामचरण से प्रताप की भेंट हो गई। रामचरण ने प्रताप से कहा–"अँधेरे में छिप जाइए। अंग्रेज आये हैं। मालूम होता है, आमत्रांत की कोठी से।" रामचरण अमियट को बदलकर जामबात कहता था।

प्र०–भय क्या है।

रा०–"आठ आदमी हैं।"

प्र०–"मैं छिप जाऊँगा तो इस घर में जो और कई औरते हैं, उनका क्या होगा? तू मेरी बन्दूक ले आ!"

रामचरण०–अगर अंग्रेजों का विशेष परिचय जानता तो प्रताप को कभी भी छिपने को नहीं कहता। वे दोनों जिस समय बातचीन कर रहे थे, उसी समय सहसा घर में उजाला फैल गया। जॉन्सन ने जलती हुई बत्ती एक सिपाही के हाथ में दी। बत्ती के उजाले में अंग्रेजों ने देखा कि दो आदमी सीढ़ी पर खड़े हैं। जॉन्सन ने बकाउल्ला से पूछा०–"क्या यहीं है।"

बकाउल्ला ठीक से पहचान न सका। अँधेरी रात में उसने प्रताप और रामचरण को देखा था, इसलिए अच्छी तरह पहचान नहीं सका। लेकिन टूटे हुए हाथ का दर्द उससे सहा नहीं जा रहा था जो भी हो, वही उसके दर्द का कारण है। उसने कहा–"हाँ, ये ही है।"

तब बाप की तरह उछलकर अंग्रेज सीढ़ियों पर चढ़ गए, सिपाही भी पीछे-पीछे आने लगें यह देखकर रामचरण, प्रताप की बन्दुक लेने ऊपर चढ़ने लगा।

जॉन्सन ने यह देखा तो अपने हाथ की पिस्तौल उठाकर रामचरण पर निशाना साधा और उसका पैर घायल हो गया, चलने में असमर्थ होकर वह वहीं बैठ गया।

प्रताप खाली हाथ था, भागने की इच्छा उसे नहीं थी और भागने से रामचरण की जो दशा हुई उसे भी देखा। प्रताप ने अंग्रेजों से शान्त भाव से पूछा "तुम लोग कौन हो क्यों आए हो

ग्लस्टन ने प्रताप से पूछा–"तुम कौन हो?"

प्रताप ने कहा–"मैं प्रतापसलाह हूँ।"

वह नाम बकाउल्ला को याद था। बजरे के ऊपर हाथ में बन्दुक लेकर प्रताप ने अभिमान के साथ कहा था–"सुनो, मेरा नाम प्रतापसलाह है।"

बकाउल्ला ने कहा–"जनाब, यही आदमी सरदार है।" जॉन्सन ने प्रताप का एक हाथ पकड़ा। प्रताप ने देखा कि बल दिखाना बेकार है। चुप-चाप सब सह लिया। नायक के हाथ में हथकड़ी थी, वह प्रताप के हाथ में लगा दी गई। ग्लस्टन ने गिरे हुए रामचरण को दिखाकर कहा जॉन्सन ने दो सिपाहियों को आज्ञा दी–"उसे भी ले आओ।"

दो आदमी रामचरण को उठाकर ले चले।

यह सब गड़बड़ी सुनकर दलनी और कुलसूम जागकर बहुत डर गई। वे कमरे का दरवाजा थोड़ा-खोलकर देख रही थीं। सीढ़ी के पास ही उनके सोने का कमरा था।

अंग्रेज जब प्रताप और रामचरण को लेकर उतर रहे थे, तब सिपाही के हाथ की बत्ती का उजाला सहसा जरा-सी खुले हुए दरवाजे से दलनी की नीलमणि के समान आँखों पर पड़ा। बकाउल्ला ने वे आँखें देख लीं। देखते ही बोला–"फास्टर साहब की बीबी।"

ग्लस्टन ने कहा–"सच? कहाँ?"

बकाउल्ला ने उसी द्वार को दिखाकर कहा कमरे में दलनी और कुलसूम को देखकर कहा–"इस कमरे में।" जॉन्सन और ग्लस्टन ने उनसे कहा–"तुम हमारे साथ आओ?"

दलनी और कुलसूम बहुत डर गईं, और हतबुद्धि होकर उनके पीछे-पीछे चलने लगीं। उस घर में अकेली शैवलिनी रह गई। शैवलिनी ने भी सब कुछ देखा था।

आठवाँ परिच्छेद

पाप की विचित्र गति

जिस प्रकार यवन-कन्याएँ थोड़ा-सा दरवाजा खोलकर अपने सोने के कमरे से देख रही थी, उसी प्रकार शैवलिनी भी देख रही थी। तीन ही स्त्रियाँ थी, इसलिए स्त्रियों की प्रकृति के अनुसार तीनों ही कुतूहल से भरी हुई थीं और तीनों ही बहुत डरीं हुई थीं। भय का यह स्वभाव है कि वह भयंकर वस्तु को बार-बार देखना चाहता है। शैवलिनी ने भी आदि से अंत तक

सब कुछ देखा। सब के चले जाने पर घर में अपने को अकेली देखकर पलंग पर बैठकर वह भी चिंता करने लगी।

उसने सोचा–"अब क्या करूँ? अकेले है, इसलिए मुझे डर क्या? संसार में मुझे कोई डर नहीं। मृत्यु से बढ़कर कोई विपत्ति नहीं। जो प्रतिदिन मृत्यु चाहे, उसे किसका भय? मेरी मृत्यु क्यों नहीं हुई? आत्महत्या तो बड़ी सरल है। किन्तु सरल कहाँ है? इतने दिनों तक तो जल में ही थी, किंतु डूबकर मर भी न सकी। नाव में जब सब सो जाते थे, तब धीरे-धीरे नाव से बाहर आकर पानी में कूद पड़ने पर कौन पकड़ता? कोई जरूर पकड़ता, क्योंकि नाव पर पहरा था। लेकिन मैंने कोई प्रयत्न भी तो नहीं किया। मरने की इच्छा थी, किन्तु मैंने मरने का कोई प्रयत्न नहीं किया। तब भी मुझे आशा थी। आशा रहने पर आदमी मर नहीं सकता। लेकिन आज? आज मरने का दिन है। मगर वे लोग प्रताप को बाँधकर ले गए हैं–प्रताप का क्या हुआ, इसे बिना जाने मैं नहीं मर सकती। प्रताप का क्या हुआ? जो भी हो, मेरा क्या है? प्रताप मेरा कौन

है? मैं उसकी दृष्टि में पापिन हूँ, वह मेरा कौन है? कौन है, यह तो नहीं जानती। यह शैवलिनीरूपी पंतगे के लिए जलती हुई अग्नि है। वह इस उजड़े संसार में मेरे लिए ग्रीष्म ऋतु की पहली बिजली है–वह मेरी मृत्यु है। मैंने घर क्यों छोड़ा और साहब के साथ क्यों आयी? क्यों सुन्दरी के साथ लौट नहीं गई?

शैवलिनी अपने माथे पर हाथ पीटकर रोने लगी। वेद–ग्राम का वही घर याद आ गया, जहाँ दीवाल के किनारे शैवलिनी ने अपने हाथों कनेर का वृक्ष लगाया था। वही कनेर की सबसे ऊँची डाल दीवाल को लाँघकर, लाल-लाल फूल धारण करके, नीले आकाश को छूने के लिए हिलती थी। कभी-कभी भौंरे या छोटे पक्षी उस पर आकर बैठते, वह भी याद आया। तुलसी का चबूतरा, उसके चारों ओर की पीटी हुई समतल साफ धरती, घर पर पली हुई बिल्ली, पिंजरे का तोता, घर के पास का मीठे आम का वृक्ष–सब याद आने लगा। जाने कितनी बातें याद आयीं। कितना सुंदर, नील, बादलों से रहित आकाश शैवलिनी छत पर बैठकर देखती थी कितने सुगंधित खिले हुए श्वेत फूल साफ कर जल से खींचकर वह चन्द्रशेखर की पूजा के लिए फूलों के बर्तन में भरकर रख देती थी, कितनी प्रिय, शीतल, मन्द और सुगंधित वायु का सेवन वह नीम के किनारे करती थी। जल में कितनी छोटी-छोटी लहरों में स्फटिक की चंचलता वह देखती थी उसके किनारे कितनी कोयले बोला करती थीं।

शैवलिनी निःश्वास लेकर फिर सोचने लगी–"मन में सोचा था कि घर से बाहर होते ही प्रताप को देखूँगी। मन में विचारा था–फिर पुरन्दरपुर की कोठी पर लौट जाऊँगी प्रताप का घर और पुरन्दरपुर पास ही है। कोठी की खिड़की पर बैठकर कटाक्ष के जाल को फैलाकर प्रतापरूपी पक्षी को पकड़ूँगी। सुविधा देख वहाँ से फिरंगी को चकमा देकर भाग जाऊँगी, जाकर प्रताप के चरणों में गिर पड़ूँगी। मैं पिंजरे की चिड़ियाँ हूँ, संसार की गति कुछ भी नहीं जानती थी कि मनुष्य गढ़ता है और ब्रह्मा उसे तोड़ डालता है। जानती नहीं थी कि अंग्रेज का पिंजरा लोहे का पिंजरा है–क्या मेरी कार्य नष्ट हो जाएगी? नाहक कलंक मोल लिया, जाति जो थी, परलोक नष्ट कर दिया।

पापिनी शैवलिनी के मन में यह बात नहीं आयी कि पाप की व्यर्थता और सार्थकता है क्या। बल्कि व्यर्थता ही ठीक है। लेकिन एक दिन वह यह बात समझेगी, एक दिन यह प्रायश्चित करने के लिए अपनी हड्डी तक देने को तैयार हो जाएगी। ऐसी आशा न होने पर हम इस पाप के चित्र को उतारते ही क्यों? फिर वह सोचने लगी–"परलोग? वह तो जिस दिन प्रताप को देखा, उसी दिन चला गया। जो अंतर्यामी है, उन्होंने उसी दिन मेरे भाग्य में नरक लिख दिया। इस जन्म में भी मेरा नरक ही है–मेरा मन ही नरक है–नहीं तो इतना दुःख पाती ही क्यों? नहीं तो दोनों आँखों के लिए विष के समान फिरंगी के साथ इतने दिन भटकती क्यों? सिर्फ इतना ही नहीं! मालूम होता है, जो कुछ मेरे लिए अच्छा है, उसी में आग लग जाती है मालूम होता है, मेरे ही कारण प्रताप इस विपत्ति में फँस गया है–मैं मर क्यों न गई?"

शैवलिनी फिर रोने लगी। कुछ क्षणों बाद आखें पोंछ डाली भौहें टेढ़ी की होंठ काट लिया; क्षण भर के लिए उसका खिले हुए कमल-सा मुख क्रुद्ध सर्प के फण की भयंकर चमक की शोभा पाने लगा। फिर उसने मन में कहा–"मर क्यों न गई मैं?" शैवलिनी ने सहसा कमर से एक खोली बाहर निकाली, उसमें एक छोटी तेज धार की छूरी थी। उसने छूरी पकड़ ली। उसके फाल को निकालकर अँगूठे से उसके साथ खेलने लगी। उसने कहा–"व्यर्थ ही क्यों यह छूरी ले ली? क्यों इतने दिनों तक यह छूरी मेरे पापी हृदय में घुसी नहीं? क्यों केवल बगल में पड़ी रही। अब? यह कहकर उसने छूरी की नोक अपनी छाती पर रख ली। छूरी वैसे ही पड़ी रही। शैवलिनी सोचने लगी–"एक दिन यह छूरी सोये हुए फास्टर के सीने पर रख दी थी। उसी दिन उसे मारा नहीं, साहस नहीं हुआ। आज भी आत्महत्या

का साहस नहीं हो रहा है। इस खूनी के डर से पापात्मा अंग्रेज भी वश में हो गया था–उसने समझा था कि यदि वह मेरे कमरे में घुसेगा तो इसी छूरी से या तो वह मरेगा, नहीं तो मैं मारूँगी। पापात्मा अंग्रेज इसके डर से वश में हो गया था किन्तु मेरा यह पापी हृदय इसके डर से वश में नहीं हुआ। मरूँगी? नहीं, आज नहीं। मरूँ तो उसी वेदग्राम में जाकर मरूँगी। सुन्दरी से कहूँगी कि मेरी जाति नहीं है, काल नहीं है, किन्तु एक पाप से मैं मुक्त हूँ। तब मरूँगी। और वे जो मेरे पति हैं–उनसे यह कहकर मरूँगी? बात तो मन में ही नहीं रुकती। मन में लाने पर मालूम पड़ता है, मुझे सैकड़ों-हजारों बिच्छू काट खा रहे हैं–नस-नस में आग जलने लगती है। मैं उनके योग्य नहीं हूँ, इसलिए उन्हें छोड़कर चली आयी हूँ। उससे उन्हें कौन-सा कष्ट हुआ है? उन्होंने क्या दुःख सहा है? नहीं, मैं उनकी कोई नहीं हूँ–पोथियाँ ही उनकी सब कुछ है। वे मेरे लिए चिंता नहीं करेंगे। एक बार मेरे मन में बड़ी चिंता हुई कि कोई यह आकर मुझे बता दे कि वे कैसे हैं, क्या कर रहे हैं। उनसे मैने कभी प्रेम नहीं किया, कभी प्रेम कर भी नहीं सकती तो भी यदि मैंने उन्हें कोई कष्ट दिया हो तो मेरे पाप का बोझ और भारी हो जाएगा। एक और बात उनसे कहने की मन है किन्तु फास्टर तो मर गया है। उस बात का गवाह कौन है? मेरी बात पर कौन विश्वास करेगा।"

शैवलिनी सोयी, मगर नींद में भी उसी प्रकार चिंता में व्याकुल रही। सुबह उसे नींद आ गई–नींद में तरह-तरह के बुरे सपने देखे। जब उसकी नींद टूटी, तब देर हो चुकी थी। खुली हुई खिड़की की राह से घर में धूप आ रही थी। शैवलिनी ने आँखें खोलीं। आँखें खोलने पर उसने जो कुछ सामने देखा, उससे डर, विस्मित और जड़ीभूत हो गई। देखा–"चन्द्रशेखर।"

तीसरा खण्ड
पुण्य का स्पर्श

पहला परिच्छेद

स्वामी रामानंद

मुंगेर के एक मठ में एक परमहंस बहुत दिनों से निवास करते थे। उनका नाम था स्वामी रामानंद। वे ही ब्रह्मचारी उनके साथ बड़ी नम्रता से बातचीत कर रहे थे। बहुत से लोग जानते थे कि स्वामी रामानंद सिद्ध पुरुष हैं, वे अद्वितीय ज्ञानी हैं। कहा जाता था कि भारतवर्ष से जो दर्शन-विज्ञान लुप्त हो गया, वह सब वे जानते हैं। वे कह रहे थे–"सुनो वत्स चन्द्रशेखर! जो विद्याएँ तुमने प्राप्त की हैं, सावधानी से उनका प्रयोग करना। और कभी दुःख को हृदय में स्थान न देना। क्यों नहीं, इसलिए कि दुःख नाम का कोई स्वतन्त्र पदार्थ नहीं है। सुख और दुःख समान हैं, अथवा ज्ञानी के सामने दोनों एक ही है! यदि भेद करो तो जो लोग पुण्यात्मा या सुखी कहे जाते हैं, वे चिरदुःखी हुए।"

यह कहकर स्वामी रामानंद ने पहले ययाति, हरिश्चन्द्र दशरथ, आदि प्राचीन राजाओं का कुछ-कुछ प्रसंग उठाया; श्रीरामचन्द्र, युधिष्ठिर, नल आदि राजाओं का उल्लेख किया। उन्होंने बताया कि सारी पृथ्वी के चक्रवर्ती सम्राट, महापुण्यात्मा राजा लोग सर्वदा दुःखी रहे–कदाचित् ही सुखी रहे हों। फिर वशिष्ठ, विश्वामित्र आदि का कुछ उल्लेख किया और बताया कि वे भी दुःखी थे। असुरों से सताए हुए श्राप से ग्रस्त इन्द्र आदि भगवानओं की भी कुछ चर्चा की और बताया कि भगवान लोग भी दुःख से पूर्ण रहे हैं। अंत में मनमोहिनी वाणी की देवी अवतारणा करके अनंत-अज्ञेय विधाता को हृदय में ढूँढने लगे। बताया कि जो सर्वज्ञ हैं, वे इस दुःखमय अनंत संसार में व्याप्त दुःखों की राशि को अनंत काल तक हृदय में अवश्य अनुभव करते होंगे। जो दयामय हैं, वे क्या इन अपार दुःखों को देखकर दुःखित नहीं होते? तब वे दयामय कैसे? दुःख के साथ दया का नित्य संबंध है–दुःख न हो तो दया उत्पन्न कहाँ से होगी? जो दयामय प्रभु है, वे अनंत संसार के अनंत दुःखों से अनंत काल तक दुःखी रहते हैं–नहीं तो वे दयामय नहीं है।

यदि कहो कि वे निर्विकार है, उन्हें दुःख क्या? उत्तर यह है कि जो निर्विकार है, वे सृष्टि, स्थिति और संहार की इच्छा से शून्य हैं—उन्हें सृष्टिकर्त्ता विधाता मैं मानता ही नहीं। हो सकता, क्यों कि वे नित्य आनन्दस्वरूप हैं। इसलिए दुःख कोई वस्तु नहीं है, यही सिद्ध हुआ!

स्वामी रामानंद आगे कहने लगे—"और यदि दुःख का होना भी स्वीकार करो, तो क्या इस दुःख को दूर करने का कोई उपाय ही नहीं है? उपाय नहीं है, तो भी यदि सभी सबके दुःखों को दूर करने का प्रयास करें तो अवश्य ही यह दुःख दूर हो सकता है। देखो, विधाता स्वयं प्रतिदिन सृष्टि के दुःख को दूर करने के लिए नियुक्त हैं। संसार के दुःख दूर होने पर एहिक दुःखों का भी अंत हो जाता है। भगवान जीवों के दुःखों को दूर करने के लिए ही नियुक्त हैं। उसी से देव-सुख है, नहीं तो इन्द्रियों के विकार से रहित भगवानों का और कोई सुख नहीं हो सकता। फिर ऋषियों के लोकोपकार का ही कीर्तन करके भीष्म आदि ने देवों के परोपकारी कर्मों का वर्णन किया है। उन्होंने दिखाया कि जो परोपकार करने वाले हैं, वे ही सुखी है; दूसरा कोई सुखी नहीं है। तब स्वामी रामानंद ने परोपकार के गुणों का शतमुख से वर्णन करना आरंभ किया। धर्म-शास्त्र, वेद, पुराण, इतिहास इत्यादि को मथकर इधर-उधर के नाना प्रमाणों को दिखाने लगे। शब्द–सागर को मथकर बहुअर्थी और सुनने में अत्यंत मनोहर वाक्यों की लड़ी फूलों की माला की तरह गूँथने लगे। साहित्य के भंडार को फैलाकर सारपूर्ण, रसपूर्ण उत्तम अलंकारों से युक्त कविताओं को बाँटने लगे। सबसे ऊपर स्वाभाविक धर्मानुराग की मोहमयी प्रभा को विस्तारित कर दिया। उनके मधुर कण्ठ से निकले हुए, उच्चारण की कुशलता से युक्त वे सब अपूर्व वाक्य चन्द्रशेखर के कानों में तुरही बाजे की ध्वनि के समान गूँजने लगे। वे सब वाक्य कभी बादल की गर्जना के समान गम्भीर स्वर में ध्वनित होते, कभी वीणा की झंकार के समान मधुर प्रतीत होने लगते। चन्द्रशेखर विस्मित और मुग्ध हो उठे, उनका शरीर रोमांचित हो उठा। उन्होंने उठकर उनके चरणों की धूल ले ली और कहा—"गुरुदेव! आज से मैंने आपसे यही मन्त्र ग्रहण किया।" रामानंद स्वामी ने चन्द्रशेखर को गले से लगा लिया।

दूसरा परिच्छेद

नया परिचय

इधर ब्रह्मचारी का दिया हुआ पत्र समय पर नवाब के सामने पेश हुआ। नवाब ने समझा कि दलनी वहाँ है। कुलसूम और दलनी को ले आने के लिए प्रतापसलाह के वास-स्थान पर पालकी भेजी गई।

तब तक देर हो गई थी, उस घर में शैवलिनी को छोड़कर और कोई भी नहीं था। उसे देखकर नवाब के नौकरों ने उसे ही बेगम समझ लिया। शैवलिनी ने सुना कि उसे किले में जाना होगा।

एकाएक उसके मन में एक षड्यन्त्र उत्पन्न हुआ। कवि लोग आशा की बड़ाई करने में मुग्ध हो जाते हैं। आशा संसार के बहुत-से सुखों का कारण है। किन्तु आशा ही दु:खों की जड़ है। जितने पाप किये जाते हैं, सभी लाभ की आशा से। केवल कोई उत्तम कर्म आशा से नहीं किया जाता। जो लोग स्वर्ग पाने की आशा से उत्तम कर्म करते हैं, उनके कर्मों को मैं सत्कर्म नहीं कहता। आशा से मुग्ध होकर ही शैवलिनी बिना आपत्ति किये पालकी पर चढ़ गई।

खोजा शैवलिनी को किले में लाकर, जनानखाने में नवाब के पास ले गया। नवाब ने देखा, यह तो दलनी नहीं है। और भी देखा कि ऐसी रूपवती और संसार को मोहित करने वाली उसके जनानखाने में कोई नहीं है।

नवाब ने पूछा–"तुम कौन हो?"

शै०–"मैं एक ब्राह्मण की पुत्री हूँ।"

नवाब–"तुम आयी क्यों?"

शै०–"आप के नौकर मुझे ले आये।"

न०–"वे तुम्हें बेगम समझकर ले आए। बेगम क्यों नहीं आयीं?"

शै०–"वे उस जगह नहीं है।"

न०–"तब वे कहाँ हैं?"

जब ग्लस्टन और जॉन्सन दलनी और कुलसूम को ले जा रहे थे, तब शैवलिनी उन्हें देख रही थी। वे कौन हैं, वह नहीं जानती थी; मन में सोचा था कि नौकरानी या नाचने वाली होंगी। किन्तु नवाब के नौकरों ने जब उससे कहा कि नवाब की बेगम पताप के घर में है और उसे बेगम समझकर नवाब ने लेने भेजा है, तभी शैवलिनी समझ गई थी कि बेगम को अंग्रेज पकड़ ले गए। शैवलिनी यही सब सोच रही नवाब ने शैवलिनी को जवाब न देते पूछा–"तुमने उन्हें देखा है?"

शै०–"देखा है।"

न०–"कहाँ देखा?"

शै०–"जिस जगह हम रात को थे।"

न०–"किस जगह? प्रतापसलाह के बासे पर?"

शै०–"जी हाँ!"

न०–"बेगम वहाँ से कहाँ गई, जानती हो?"

शै०–"दो अंग्रेज उन सबको पकड़कर ले गए हैं।"

न०–"क्या कहती हो?"

पहले दिये हुए उत्तर शैवलिनी ने फिर से दुहरा दिया। नवाब चुप हो गए, होंठ काटकर दाढ़ी नोच ली। फिर गुरगन खाँ को बुलाने का हुक्म दिया और शैवलिनी से पूछा–"अंग्रेज क्यों बेगम को पकड़ ले गये, जानती हो?"

शे०–"नहीं।"

न०–"प्रताप उस वक्त कहाँ था?"

शै०–"उन्हें भी वे साथ ही पकड़ ले गये।"

नवाब ने फिर पूछा–"क्यों उन सबको पकड़ ले गये, जानती हो?"

शैवलिनी अब तक सच बोल रही थी, अब उसने झूठ बोलना आरंभ किया। कहा–"नहीं।"

न०–"प्रताप कौन है? उसका घर कहाँ है?"

शैवलिनी ने प्रताप का ठीक-ठीक परिचय दिया।

न०–"यहाँ क्या करने आया था?"

शैवलिनी–"सरकार की नौकरी करने के लिए।"

नवाब–"तुम्हारा वह कौन है?"

शैवलिनी–"मेरे स्वामी हैं?"

नवाब–"तुम्हारा नाम क्या है?"

शैवलिनी–"रूपसी।"

शैवलिनी ने अनायास यह उत्तर दिया। पापिनी यही सब कहने के लिए आयी थी।

नवाब ने कहा–"अच्छा, अब तुम घर जाओ।"

शैवलिनी ने कहा–"मेरा घर कहाँ है कहाँ जाऊँगी?"

नवाब ताज्जुब में पड़ गये, फिर उन्होंने कहा–"तब तुम कहाँ जाओगी?"

शैवलिनी–"अपने स्वामी के पास। मेरे स्वामी के पास भेज दीजिए। मुझे आप राजा है, आप के पास नालिश करती हूँ। मेरे स्वामी को अंग्रेज पकड़ ले गए हैं। हो सके तो मेरे स्वामी को छुड़ा दीजिए, नहीं तो मुझे ही उनके पास भेज दीजिये। यदि आप मेरी प्रार्थना नहीं मानेंगे, इसका उपाय नहीं करते तो मैं यहीं आपके सामने मर जाऊँगी इसलिए यहाँ आयी हूँ।

खबर आयी कि गुरगन खाँ हाजिर है। नवाब ने शैवलिनी से कहा–"अच्छा, तुम इसी जगह इन्तजार करो, मैं आता हूँ।"

तीसरा परिच्छेद

नये साथी

नवाब ने गुरगन खाँ से समाचार पूछने के बाद कहा–"अंग्रेजों के साथ झगड़ा करना ही ठीक होगा! मेरा ख्याल है कि झगड़े के पहले ही अमियट को कैद कर लेना ही अपना फर्ज है। क्योंकि अमियट हमारा बहुत बड़ा दुश्मन है। क्या कहते हो?

गुरगना खाँ ने कहा–"लड़ाई के लिए मैं हर वक्त तैयार हूँ लेकिन राजदूत को सताना नहीं चाहिए। दूत को कष्ट देने से हम लोग विश्वासघाती कहे जाएँगे और हमारी शिकायत होगी।

नवाब–"अमियट कल रात को इसी शहर के एक आदमी के घर हमला करके उन सबको पकड़ ले गया है। जो मेरी नजर में रहकर भी जुर्म करे, उसके राजदूत होने पर भी क्या मैं उसे सजा न दूँ।

गुरगन–"अगर उसने ऐसा किया हो तो वह जरूर सजा के काबिल है लेकिन उसे किस तरह पकड़ा जाए?"

नवाब–"इसी समय उसके रहने की जगह पर सिपाही और कमान भेज दो–सबको पकड़ लाएँ!"

गुर०–"वे सब इस शहर में नहीं हैं। आज दोपहर को चले गए।"

न०–"क्यों? बिना बताए गएँ?"

गुर–"इत्तला देने के लिए 'हे' नाम के एक आदमी को छोड़ गये हैं।"

नवाब–"इसी तरह जबर्दस्ती, बिना हमारी मर्जी के भाग जाने की वजह? ऐसा करने से मेरे साथ बेअदबी हुई। उन्होंने जानबूझकर ऐसा किया है।"

गुर०–"उनकी हथियारों वाली नाव पर रहने वाले अंग्रेज का रात में किसी ने खून कर दिया है। इसलिए वह नाराज होकर गया। कहा कि यहाँ रहने पर जिन्दगी खतरे में है।"

न०–"तुमने सुना है कि खून किसने किया है?"

गुर०–"प्रतापसलाह नाम के एक आदमी ने।"

न०–"अच्छा किया। उसको सामने आने पर खिलअत दूँगा। प्रताप सलाह कहाँ है?"

गुर०–"उन सबको बाँधकर वे ले गये। साथ ले गये हैं या आजिमाबाद ले गये हैं, ठीक सुना नहीं है?"

न०–"अब तक मुझे यह सब खबर क्यों नहीं दी?"

गुर०–"मैंने अभी-अभी सुना है।"

यह बात झूठ थी, गुरगन शुरू से आखीर तक सब जानता था। उसकी सलाह के बिना अमियट कभी मुंगेर छोड़ नहीं सकते थे लेकिन गुरगन के दो इरादे थे–पहला, दलनी का मुंगेर से बाहर चला जाना ही ठीक है; दूसरा अमियट का जरा हाथ में रहना ही अच्छा है, आगे चलकर उसके जरिये फायदा हो सकेगा।"

नवाब ने गुरगन खाँ को जाने की इजाजत दी। गुरगन जब जाने लगा, तब नवाब ने उसकी ओर टेढ़ी निगाह की, जिसका मतलब यह था–"जितने दिन लड़ाई खत्म नहीं होती, उतने दिन तुम्हें कुछ कहूँगा नहीं लड़ाई के वक्त तुम्हीं मेरे हथियार हो। उसके बाद दलनी बेगम का कर्ज तुम्हारे खून से चुकाऊँगा।"

नवाब ने उसी समय मुंशी को बुलाकर हुक्म दिया–"मुर्शिदाबाद में मुहम्मद तकी के नाम परवाना भेजो कि जब अमियट की नाव मुर्शिदाबाद पहुँचे, तब उसे गिरफ्तार करें और उसके साथ के कैदियों को छुड़ाकर हमारे हुजूर में भेजें। लड़ाई न करके होशियारी-चालाकी से उन्हें पकड़ना होगा, यह भी लिख दो। परवाना किनारे के रास्ते जाए, पहले पहुँचेगा।"

नवाब ने जनानखाने में जाकर फिर शैवलिनी को बुलाया और कहा–"इस वक्त तुम्हारे स्वामी का छुटकारा नहीं हो सका। अंग्रेज उन सबको लेकर कलकत्ता चल दिये। मैंने मुर्शिदाबाद हुक्म भेज दिया है, वहीं उन्हें पकड़ लेंगे। तुम इस वक्त, शैवलिनी ने हाथ जोड़कर कहा–"बहुत बकने वाली इस औरत को माफ कीजिए, इस समय आदमी भेजने से क्या उन्हें पकड़ा नहीं जा सकता?"

नवाब–"अंग्रेजों को पकड़ना थोड़े आदमियों का कार्य नहीं है। हथियारबंद लोगों को भेजना होगा, बड़ी नाव चाहिए। पकड़ते-पकड़ते वे मुर्शिदाबाद पहुँच जाएँगे। ज्यादा लड़ाई की तैयारी देखकर शायद कैदियों को अंग्रेज मारकर फेंक दें। मुर्शिदाबाद में सभी चतुर आदमी हैं। वे सब उन्हें चालाकी-होशियारी से पकड़ लेंगे।"

शैवलिनी ने समझा कि सुंदर मुख के कारण अनेक उपकार हो गए। नवाब ने उसके सुंदर मुख को देखकर उसकी सारी बातों पर विश्वास कर लिया और उसके प्रति विशेष दया दिखा रहे हैं। नहीं तो इतनी बातें समझाकर कहते क्यों? शैवलिनी ने हिम्मत पाकर फिर हाथ जोड़ा और कहा–"यदि इस अनाथ के ऊपर इतनी दया की है, तो एक और भीख माँगती हूँ, क्षमा कीजिए! उनके हाथ में हथियार रहने पर अंग्रेज उन्हें कैद नहीं कर पाते। वे यदि इस समय हथियार पा जाएँ तो उन्हें कोई कैद नहीं रख सकेगा। यदि कोई उन्हें हथियार दे सके तो वे अपने आप छूट सकेंगे, साथियों को भी छुड़ा सकेंगे।"

नवाब हँसे; उन्होंने कहा–"तुम बच्ची हो! अंग्रेज कौन हैं, इसे तुम नहीं जानती। कौन अंग्रेजों की नाव पर चढ़कर उसे हथियार दे आएगा?"

शैवलिनी ने सिर झुकाकर धीमे स्वर में कहा–"अगर हुक्म हो, अगर नाव पाऊँ तो मैं ही चली जाऊँ।"

नवाब जोर से हँस पड़े। हँसी सुनकर शैवलिनी की भौहें तन गईं। वह बोली–"सरकार, नहीं कर सकूँगी तो मर जाऊँगी इससे किसी की हानि नहीं होगी, किन्तु यदि कर सकी तो मेरा भी कार्य पूरा होगा और आपका भी।"

नवाब ने शैवलिनी की तनी हुई भौहों से शोभित मुख-मण्डल को देखा और समझ लिया कि यह मामूली औरत नहीं है। सोचा, मरती है तो मरे, मेरा क्या नुकसान? यदि कर सके तो अच्छा ही है! नहीं तो मुर्शिदाबाद में मुहम्मद तकी कार्य पूरा करेगा ही। उसने शैवलिनी से कहा–"तुम क्या अकेली जाओगी?"

शै०–"मैं स्त्री हूँ, अकेली नहीं जा सकूँगी। यदि दया करें तो साथ में एक नौकरानी और एक रखवाला कर दें।"

नवाब ने सोचकर मुसीबुद्दीन नाम के एक विश्वासी, बलिष्ठ और साहसी खोजा को बुलवाया। उसने जाकर सिर झुकाया। नवाब ने उससे कहा–"इस औरत को साथ लो और एक हिन्दू नौकरानी को भी साथ कर लो। ये जो-जो हथियार लेने को कहें, उसे भी लो। नाव के दारोगा से एक तेव चलने वाली नाव लो। यह सब लेकर तुरन्त मुर्शिदाबाद की ओर चल दो!"

मुसीबुद्दीन ने पूछा–"कौन-सा कार्य करना करना होगा?"

नवाब ने कहा–"ये जो कहें, वही करना। बेगमों की तरह इन्हें भी इज्जत देना। अगर दलनी बेगम मिले तो उन्हें साथ लेकर आना।"

दोनों ने नवाब को उचित ढंग से सलाम करके बिदा ली। खोजा ने जिस ढंग से सलाम किया, शैवलिनी ने भी देख-देखकर उसी प्रकार जमीन छूकर पीछे हटकर सलाम किया। नवाब हँसने लगे।

जाते समय नवाब ने कहा–"बच्ची, याद रखना, कभी अगर मुश्किल पड़े तो मीर कासिम के पास आना।"

शैवलिनी ने फिर सलाम किया और मन-ही-मन कहा–"आऊँगी ही क्यों? हो सका तो रूपसी के साथ स्वामी को लेकर दरबार करने के लिए तुम्हारे पास आऊँगी।"

मुसीबुद्दीन ने नौकरानी और नाव इकट्ठी की और शैवलिनी के कहने के अनुसार बन्दुक, गोली, बारूद, पिस्तौल, तलवार और छूरी जुटा ली। मुसीबुद्दीन हिम्मत करके यह नहीं पूछ सका कि इन सबका होगा क्या। मन-ही-मन सोचा कि यह दूसरी चाँद सुलताना है।

रात में ही नाव पर चढ़कर उन्होंने यात्रा शुरू की।

चौथा परिच्छेद

रोयी

चाँदनी छिठकी हुई हैं। गंगा के दोनों किनारों पर बहुत दूर तक बालू का मैदान फैला है। चन्द्रमा की किरणों से बालू का मैदान और भी श्वेत आभा धारण किये हुए है। गंगा के जल ने चन्द्र-किरणों से और भी गहरा नीलापन पा लिया है। गंगा का जल गाढ़ा नीला दिखता है। किनारे पर खड़े वन-समूह बादलों के समान श्याम हैं। ऊपर आकाश भी रत्नों से चित्रित नीला है। इस अनंत विस्तार को देखकर कभी-कभी मन चंचल हो उठता है। नदी अनंत है–जहाँ तक दृष्टि पहुँचती है, नदी का अंत दिखाई नहीं पड़ता–मनुष्य के भाग्य के समान धुँधले भविष्य में जाकर आया है। नीचे नदी अनंत है, बगल में बालुकार्ययी धरती अनंत है, किनारे वृक्षों की पंक्ति अनंत है, ऊपर आकाश अनंत है, उसके भीतर तारों का समूह अगणित है। ऐसे समय कौन मनुष्य अपनी गिनती करेगा? यह जो नदी के किनारे की ओर, जिस बालू की धरती में नावे बँधी हुई हैं, उसके बालू के कणों से क्या बढ़कर मनुष्य का महत्व है?

नावों की इस कतार में एक बड़ा बजरा है–उसके ऊपर सिपाही का पहरा है। सिपाही गढ़ी हुई मूर्ति के समान कंधे पर बन्दूक रखे हुए बिना हिले-डुले खड़ा है। भीतर मधुर और स्वच्छ दीपक के प्रकाश में भाँति-भाँति के बहुमूल्य आसन, शय्या, चित्र मूर्तियाँ आदि शोभा दें रही हैं। भीतर कई साहब हैं। दो आदमी शतरंज खेल रहे हैं। एक आदमी शराब पी रहा है और पढ़ रहा है। एक आदमी बाजा बजा रहा है!

सहसा सब चौंक पड़े। उस रात की शान्ति को चीरती हुई अकस्मात रोने की आवाज उठी।

अमियट साहब जॉन्सन को किश्त देते-देते कह उठे–"वह क्या है, वह?"

जॉन्सन ने कहा–"किसकी किश्त माफ हो गई?"

रोना और बढ़ने लगा। आवाज ऊँची नहीं थी किन्तु उस जलमय भूमि के शान्त मैदान में यह आधी रात का रोना जोरों से सुनाई पड़ने लगा। अमियट खेल छोड़कर उठे, बाहर आकर चारों

ओर देखा–किसी को भी देख न सके। देखा, पास में कोई श्मशान भी नहीं है। बालू के मैदान के बीच से आवाज आ रही है।

अमियट नाव से उतर पड़े। आवाज जिधर से आ रही थी, उधर चले। थोड़ी दूर जाने पर देखा–उस बालू के मैदान में कोई अकेला बैठा हुआ है।

अमियट पास पहुँचे। देखा, एक स्त्री ऊँचे स्वर में रो रही है।

अमियट अच्छी हिन्दी नहीं जानते थे, फिर भी उन्होंने स्त्री से पूछा–"तुम कौन हो? क्यों रो रही हो?"

स्त्री ने उनकी हिन्दी को अच्छी तरह समझा नहीं, और भी जोर से रोने लगी। अमियट के बार-बार पूछने पर भी अपनी बात का उत्तर न पाकर हाथ के इशारे से उसे अपने साथ आने को कहा। स्त्री उठी। अमियट आगे-आगे चले, स्त्री उनके साथ रोती हुई चली। यह दूसरी कोई नहीं–"पापिष्ठा शैवलिनी थी।

पाँचवाँ परिच्छेद

हँसी

बजरे के भीतर आकर अमियट ने ग्लस्टन से कहा–"यह औरत अकेली टीले पर बैठी हुई रो रही थी। यह मेरी बात नहीं समझती और मैं उसकी बात नहीं समझता। तुम उससे पूछो!"

ग्लस्टन करीब-करीब अमियट के ही समान पण्डित था, लेकिन अंग्रजों के महल में, हिन्दी में उसका बड़ा नाम था। ग्लस्टन ने उससे पूछा–"तुम कौन हो?"

शैवलिनी पहले की तरह ही रोती रही।

ग्लस्टन–"क्यों रोती हो?"

शैवलिनी तब भी कुछ न बोली, रोती रही।

ग्लस्टन–"तुम्हारा घर कहाँ है?"

शैवलिनी पहले की तरह।

ग्लस्टन–"तुम यहाँ क्यों आयी हो?'

शैवलिनी का यही हाल।

ग्लस्टन ने हार मान ली। यह देखकर कि वह किसी बात का उत्तर नहीं दे रही है, अंग्रेजों ने उसे विदा किया। शैवलिनी ने वह बात भी न समझी, हिली नहीं, खड़ी रही।

अमियट ने कहा–"यह हम लोगों की बात समझती नहीं, हम लोग इसकी बात नहीं समझते। पहनावा देखने से मालूम होता है कि बंगाल की लड़की है। किसी बंगाली को बुलाकर उससे पूछने को कहो।

साहबों के प्राय: सभी खानसामा बंगाली मुसलमान थे। अमियट ने उनमें से एक को बुलाकर बात करने को कहा।

खानसामा ने पूछा–"रोती क्यों हैं?"

शैवलिनी पागलों की तरह हँस पड़ी।

खानसामा ने साहबों से कहा–"पागल है।"

साहबों ने कहा–"पूछो, क्या चाहती है?"

खानसामा ने पूछा। शैवलिनी ने कहा–"भूख लगी है।"

खानसामा ने साहबों को समझा दिया। अमियट ने कहा–"उसे कुछ खाने को दो।"

खानसाम खुश होकर उसे बावर्चीखाने की नाव पर ले गया खुशी से, क्योंकि शैवलिनी बहुत खूबसूरत थी। शैवलिनी ने कुछ खाया नहीं। खानसामा ने कहा–"खाओ न!"

शैवलिनी ने कहा–"मैं ब्राह्मण की लड़की हूँ, तुम लोगों का छुआ कैसे खाऊँगी?"

बावर्ची ने जाकर यह बात साहबों से कही। अमियट साहब ने कहा–"इस नाव पर कोई ब्राह्मण नहीं है?"

खानसामा ने साहबों को समझा दिया। अमियट ने कहा–"उसे कुछ खाने को दो।"

साहब ने कहा–"अगर किसी के पास भात हो तो देने को कह दो।"

खानसामा शैवलिनी को पहले सिपाही के पास ले गया। उसके पास कुछ भी नहीं था। तब जिस नाव पर कैदी था, उस नाव पर खानसामा शैवलिनी को ले गया।

ब्राह्मण कैदी या प्रताप सलाह। एक छोटी-सी नाव पर अकेला प्रताप था। बाहर, आगे, पीछे सन्तरियों का पहरा। नाव में अँधेरा था। खानसामा ने कहा–"ओ ठाकुर!"

प्रताप ने कहा–"क्या?"

खा०–"एक ब्राह्मण को बड़ी भूख लगी है। थोड़ा दे सकते हो?"

प्रताप के पास भी खाने को कुछ नहीं था। किन्तु प्रताप ने यह स्वीकार नहीं किया कहा–"दे सकता हूँ, मगर मेरे हाथ की हथकड़ी खोलने को कहो।"

खानसामा ने सन्तरी से प्रताप की हथकड़ी खोलने को कहा। सन्तरी ने कहा–" हुक्म दिखलाओ।"

खानसामा हुक्म लेने गया। दूसरे के लिए इतनी मेहनत कौन करेगा? खासकर पीरबख्श साहब का खानसामा ठहरा, कभी अपनी खुशी से दूसरे की भलाई नहीं करता। धरती पर जितने भी तरह के आदमी हैं, उनमें से मुसलमान खानसामा सबसे नीच हैं। लेकिन यहाँ पीरबख्श की अपनी एक गरज थी। उसने मन में सोचा था, इस औरत का खाना-पीना हो जाने पर, इसको एक बार ले जाकर खानसामा के महल में बैठाऊँगा। पीरबख्श शैवलिनी को खाना खिलाने में जुट गया। प्रताप की नाव पर शैवलिनी बाहर खड़ी थी। खानसामा हुक्म लेने अमियट साहब के पास गया। शैवलिनी घूँघट डाले खड़ी रही।

सुंदर मुख की विजय चारों ओर होती है। विशेषकर यदि वह सुंदर मुख किसी युवती स्त्री को मिली हो, तब वह मूख अमोघ अस्त्र हो जाता है। अमियट ने देखा था कि यह महिला परम सुन्दरी है। उसको फिर पागल सुनकर उनके मन में दया उत्पन्न हुई। अमियट ने जमादार से हथकडी खोल देने और शैवलिनी को प्रताप की नाव में जाने की आज्ञा भेज दी।

खानसामा ने रोशनी कर दी। सन्तरी ने प्रताप की हथकड़ी खोल दी। खानसामा को उस नाव पर न बने को कहकर प्रताप रोशनी लेकर अस्त-व्यस्त भात देने के लिए चला। अभिप्राय था–भागना।

शैवलिनी नाव के भीतर गई। सन्तरी खड़े होकर पहरा दे रहा था, नाव के भीतर देख नहीं पाते थे। शैवलिनी भीतर जाकर प्रताप के सामने पहुँचते ही घूँघट खोलकर बैठ गई।

प्रताप का आश्चर्य जब दूर हुआ, तब उसने देखा कि शैवलिनी होंठ काट रही है, मुख प्रसन्नता से कुछ-कुछ खिला हुआ है, मुख-मण्डल पर निश्चित प्रतिज्ञा का चिन्ह है। प्रताप ने माना कि यह सिंह के योग्य सिंहनी है।

शैवलिनी ने बहुत धीमे स्वर से कानों ही कानों में कहा–"हाथ धोओ। मैं क्या भात की कंगाल हूँ!"

प्रताप ने हाथ धोया। उसी समय शैवलिनी ने कान में कहा–"अब भागो। नदी की कोर पर जो नाव है, वह तुम्हारे लिए है।"

प्रताप ने उसी तरह धीमे स्वर में कहा–"आगे तुम जाओ। नहीं तो तुम आफत में पड़ जाओगी।"

शैवलिनी ने कहा–"इस समय भागो। हथकड़ी लगा देने पर भाग नहीं सकोगे। अभी जल में कूद पड़ो। देर न करना। एक तरकीब मेरी समझ में आ गई है। मैं पागल हूँ, पानी में कूद पड़ोगी। तुम मुझे बचाने के लिए पानी में कूदो।"

शैवलिनी यह कहकर जोर से हँस पड़ी। हँसते-हँसते कहा फिर रोती-रोती बाहर निकलकर बोली–"मुझे मुसलमान का भात दे रहे हो। "मै भात नहीं खाउँगी, उसी समय खिलाया है, मेरी जाति चली गई। हे गंगा, मुझे पकड़ना!" यही कहकर शैवलिनी गंगा की धार में कूद पड़ी।

"क्या हुआ, क्या हुआ?" चिल्लाता हुआ प्रताप नाव से बाहर आ गया। सन्तरी सामने खड़ा होकर मना करने जा रहा था। "हरामजादा! औरत डूब मरे और तू खड़ा होकर देख रहा है।"–यह कहते हुए प्रताप ने सन्तरी को एक लात मार दी। उसी एक लात में सिपाही नाव से गिर पड़ा। सिपाही किनारे की ओर गिरा। "औरत को बचाओ!" कहकर प्रताप दूसरी ओर कूद पड़ा। तैरने में कुशल शैवलिनी आगे-आगे जल में तैरती हुई चली। प्रताप उसके पीछे-पीछे तैरते हुए चला।

"कैदी भागा" "कहकर पीछे के सन्तरी ने पुकारा और बन्दुक उठाकर प्रताप पर निशाना साधा। तब प्रताप तैर रहा था।

प्रताप ने पुकारकर कहा–डर नहीं–भागता नहीं हूँ। इस औरत को उठा लाऊँगा। अपने सामने स्त्री की हत्या कैसे देखूँगा? तू पापी, हिन्दू होकर भी ब्रह्म-हत्या करता है?"

सिपाही ने बन्दुक नीचे झुका दी।

इस समय शैवलिनी सबसे अंतिम नाव के पास होकर तैरती हुई जा रही थी। उसको देखकर सहसा शैवलिनी चौक पड़ी। देखा कि जिस नाव पर शैवलिनी लॉरेन्स फास्टर के साथ रहती थी, वह वही नाव है। शैवलिनी ने काँपते हुए क्षण भर तक नाव की ओर दृष्टि डाली। देखा कि उसकी छत पर चाँदनी में छोटे-से पलंग पर एक साहब आधी सोयी हुई दशा में पड़ा है। चाँदनी के उजाले उसके मुँह पर पड़ रही है। शैवलिनी चीख उठी, देखा पलंग पर लॉरेन्स फास्टर है।

फास्टर ने भी तैरने वाली की ओर नजर डाली, पहचाना शैवलिनी भाग रही है। उसने भी चिल्लाकर कहा–"पकड़ो, पकड़ो, हमारा वाइफ है? फास्टर दुबला, रोगी, कमजोर, बिस्तर पर पड़ा हुआ था, उठने की शक्ति भी नहीं थी।"

फास्टर की बात सुनकर चार-पाँच आदमी पानी में झटा-झट कूद पड़े। प्रताप उस समय उनसे बहुत आगे था। उन सबने प्रताप को पुकारकर कहा–"पकड़ो, पकड़ो, फास्टर साहब इनाम देगा।" प्रताप ने मन-ही-मन कहा–"फास्टर साहब को मैंने भी एक बार इनाम दिया है इच्छा है, एक बार और दूँगा?' फिर जोर से पुकारकर कहा–"मैं पकड़ता हूँ, तुम लोग ऊपर जाओ!"

इस बात पर विश्वास करके सब लौट गए। फास्टर ने समझा नहीं कि आगे जाने वाला। प्रताप है। फास्टर का दिमाग तब भी निरोग नहीं था।

छठा परिच्छेद

अथाह जल मे सन्तरण

दोनों तैरने वाले बहुत दूर चले गए। कितना मनोहर दृश्य था, मानो किसी सुख के समुद्र में तैर रहे थे। यह अनंत देशव्यापिनी, विशाल हृदया, छोटी लहरियों वाली, नीले रंगवाली नदी की छाती पर चाँदनी के सागर में तैरते हुए ऊपर स्थित अनंत नीले समुद्र में दृष्टि जा पहुँची। नव प्रताप ने सोचा–"क्यों मनुष्य के भाग्य में इस समुद्र में तैरना नहीं लिखा? क्यों इस बादल की लहरों को तोड़ नहीं पाता? कौन-सा पुण्य करने पर मैं इस समुद्र में तैरने वाला जीव हो सकता हूँ? तैरना? इस मिट्टी की शुद्र नदी में तैराना क्या? जब से जन्म लिया, तब से इस भयंकरकाल के समान लहर पर भटक रहा हूँ अब फिर तैरना हुआ।" शैवलिनी ने सोचा–"इस जल के थाह में तो अब तक अथाह जल में रही हूँ।"

तुम ग्रहण करो या न करो, इस से जड़ प्रकृति छोड़ नहीं देती। सौंदर्य तो छिपता नहीं। तुम भी समुद्र में क्यों न तैरो, जल के नीलेपन का माधुर्य बिगड़ता नहीं छोटी लहरियों की पंक्तियाँ टूटती नहीं–तारे उसी भाँति चमकते हैं–किनारे के वृक्ष उसी प्रकार हिलते हैं, जल में चन्द्रमा का प्रकाश उसी प्रकार खेलता है। जड़-प्रकृति की कठोरता स्नेहमयी माता के समान हमेशा दुलार करना चाहती है।

यह सब थे प्रताप की दृष्टि में, शैवलिनी की दृष्टि में नहीं। शैवलिनी ने नाव के ऊपर जो रोगी, सफेद, मुरझाया हुआ मुख देखा था, उसके मन में केवल वही जाग रहा था। शैविलनी काल की पुतली के समान तैर रही थी। किन्तु उसे शान्ति नहीं थी। दोनों ही तैरने में पटू थे। तैरने में प्रताप का आनन्द से समुद्र उछल रहा था।

प्रताप ने पुकारा–शैवलिनी।"

शैवलिनी चौक उठी, उसका हृदय धड़कने लगा। बचपन में प्रताप उसे 'शे' या 'शई' कहकर बुलाता था। आज फिर उसी प्रिय नाम की पुकारा–"कितने दिनों बाद। वर्षों में काल की क्या नाप, भाव और अभाव में काल में नाप होनी है। शैवलिनी ने कितने साल 'शे' शब्द नहीं सुना, शैवलिनी के लिए वह एक मनवन्तर के समान था। इस समय सुनकर शैवलिनी ने उसी अनंत समय में अपनी आँखें मूंद लीं। मन-ही-मन उसने चन्द्रमा और तारों को साक्षी किया। आँखें मुंदकर बोली–"आज भी मेरी गंगा में चन्द्रमा का प्रकाश वही है। क्या?"

प्रताप ने कहा–"चन्द्रमा का? नहीं। सूर्य उदय हुआ है–शै! अब डर नहीं, कोई देखने आता नहीं है।"

शै०–"तब चलो, किनारे चलें।"

प्र०–"शे!"

शै०–"क्या?"

प्र०–"याद आता है ?"

शै०–"क्या?"

प्र०–"और एक दिन इसी तरह तैरा था!"

शैवलिनी ने उत्तर नहीं दिया। एक बड़ी लकड़ी का टुकड़ा बहता जा रहता था, शैवलिनी ने उसे पकड़ लिया। प्रताप से कहा–"पकड़ों, बोझ सँभाल लेगा। आराम करो।" प्रताप ने लकड़ी पकड़ ली, कहा–"याद आता है? तुम डूब नहीं सकी, मैं डूब गया।"

शैवलिनी ने कहा–"याद है। तुम यदि वही नाम लेकर आज न पुकारते, तो आज उसका बदला चुकाती। प्र०–क्यों बुलाया।

शै०–तो मन में है कि मैं याद करने पर डूब सकता हूँ। शैवलिनी ने डरकर कहा–"क्यों प्रताप? चलो, किनारे चलें।"

प्र०–"मैं नहीं जाऊँगा। आज मरूँगा।"

प्रताप ने लकड़ी छोड़ दी।

शै०–"क्यों प्रताप?"

प्र०–"हँसी नहीं करता, निश्चित ही डरूँगा। तुम्हारा हाथ कहाँ है?"

शै०–"क्या चाहते हो, प्रताप? जो कहो, वही करूँगी।"

प्र०–"एक शपथ लो, तब मैं चलूँगा।"

शै०–"क्या शपथ, प्रताप?"

शैवलिनी ने लकड़ी छोड़ दी। उसकी आँखों के सभी तारे डूब गए, चन्द्रमा पीला पड़ गया, नीला जल नीली अग्नि के समान चमकने लगा। फास्टर मानों हाथ में तलवार लेकर सामने आ खड़ा हुआ।

शैवलिनी ने रूँधे हुए कण्ठ से कहा–"क्या शपथ, प्रताप?"

दोनों काठ छोड़कर पास ही पास तैर रहे थे। गंगा की कल-कल, चल-चल लहरों की ध्वनि के बीन में यह भयंकर बात चल रही थी। चारों ओर बिखरे हुए जल-कणों में चन्द्रमा हँस रहा था। जड़ प्रकृति कितनी कठोर हृदया है!

शै०–"क्या शपथ प्रताप?"

प्र०–"इसी गंगा के जल में।"

शै०–"गंगा मेरी कौन है?"

प्र०–तब धर्म की साक्षी करके कहो!"

शै०–"मेरा धर्म ही कहाँ बचा है?"

प्र०–"तो मेरी शपथ।"

शै०–"पास आओ, हाथ दो!"

प्रताप ने पास जाकर, बहुत वर्षों बाद शैवलिनी का हाथ पकड़ा।

दोनों जनों का तैरना भार हो गया। फिर दोनों ने लकड़ी पकड़ी। शैवलिनी ने कहा–"अब जिस बात की कहो, शपथ ले सकती हूँ। कितने समय बाद प्रताप?"

प्र०–"मेरी शपथ लो, नहीं तो मैं डूब जाऊँगा। किसके लिए प्राण बचाऊँ! किस साध के लिए लोग इस पापमय जीवन का भार सहना चाहते हैं? चन्द्रमा के प्रकाश में, इस स्थिर गंगा में यदि यह बोझा उतार सकूँ, तब इससे बढ़कर और सुख क्या है?"

चन्द्रमा ऊपर हँस रहा था।

शैवलिनी ने कहा–"तुम्हारी शपथ–क्या कहूँ?"

प्र०–"शपथ करो मुझे छूकर शपथ करो–मेरे मरने-जीने, शुभ-अशुभ की तुम्हीं उत्तरदायी हो!"

शै०–"तुम्हारी शपथ, तुम जो कहोगे इस जन्म में वही मेरा निश्चय है।"

प्रताप ने अत्यंत भयानक शपथ की बात कही। वह शपथ शैवलिनी के लिए अतिशय कठिन थी, अतिशय रूखी थी, उसका पालन करना असम्भव था, प्राण लेने वाला था शैवलिनी शपथ न कर सकी। उसने कहा–"इस संसार में मेरे समान दुःखी कौन है प्रताप?"

प्र०–"मैं!"

शै०–"तुम्हारे पास प्रभुता है, बल है, कीर्ति है साथी है आशा है, रूपसी है, मेरे पास क्या है, प्रताप?"

प्र०–"कुछ नहीं–आओ, तब दोनों ही डूबें।"

शैवलिनी ने कुछ देर तक सोचा। सोचने के परिणाम स्वरूप उसकी जीवन-सरिता में पहली उलटी लहर टूट पड़ी–"मैं मरूँ, उससे हानि क्या है? किन्तु मेरे लिए प्रताप क्यों मरे?" प्रकट में कहा–"किनारे चलो।"

प्रताप सहारा छोड़कर डूब गया।

तब भी प्रताप का हाथ शैवलिनी के हाथ में था, शैवलिनी ने खींच लिया। प्रताप ऊपर आया।

शै०–"मैं शपथ करूँगी। किन्तु तुम एक बार सोचकर देखो। मेरा सब कुछ छीन रहे हो। मैं तुम्हें देखती नहीं। तुम्हारी चिंता कैसे छोड़ूँगी?"

प्रताप ने हाथ छोड़ दिया। शैवलिनी ने फिर पकड़ लिया। तब अत्यंत गम्भीर, साफ सुनाई पड़ने वाले और आँसू से भरे हुए कण्ठ से शैवलिनी कहने लगी–"प्रताप, हाथ जोर से पकड़ो? प्रताप सुनो। तुम्हें छूकर शपथ करती हूँ, तुम्हारा मरना-जीना, शुभ-अशुभ मेरे जिम्मे है। सुनो, तुम्हारी शपथ। आज से तुम्हें भूलूँगी। आज से ही मेरे सभी सुखों की तिलांजलि है। आज से मैं अपने मन को वश में करूँगी। आज से शैवलिनी मर गई।"

शैवलिनी ने प्रताप का हाथ छोड़ दिया लकड़ी छोड़ दी।

प्रताप ने गढ़गढ़ कण्ठ से कहा–"चलो, किनारे चलें।"

दोनों तैरकर किनारे पहुँच गए।

पैदल चलकर मोड़ पर मोड़। नाव पास थी, दोनों ने उस पर चढ़कर नाव खोल दी। दोनों में से किसी ने नहीं जाना कि स्वामी रामानंद उन्हें विशेष ध्यानपूर्वक देख रहे थे।

इधर अंग्रेजों ने सोचा–कैदी भाग गया। उन्होंने पीछा किया, किन्तु नाव शीघ्र ही आँखों से ओझल हो गई।

रूपसी के साथ मुकदमें की अर्जी पेश न होने से शैवलिनी की हार हुई।

सातवाँ परिच्छेद

रामचरण का छुटकारा

जब प्रताप भाग गया, तब रामचरण का छुटकारा आसान हो गया। रामचरण अंग्रेजों की नाव पर केंद्रित की तरह नहीं था। यह कोई नहीं जानता था कि उसी की गोली से फास्टर घायल हुआ और सन्तरी की मौत हुई। उसे मामूली नौकर समझकर अमियट ने मुंगेर जाते समय उसे छोड़ दिया। कहा–"तुम्हारा मालिक बड़ा ही बदजात है, उसे हम लोग सजा देंगे लेकिन तुमसे हमारा कोई मतलब नहीं है। तुम्हारी जहाँ इच्छा हो, वहाँ जा सकते हो?" सुनकर रामचरण ने

सलाम करके हाथ जोड़कर कहा–"मैं एक ग्वाला हूँ–बात करना नहीं जानता क्षमा कीजिए, मेरे साथ क्या आप लोगों का कोई संबंध है?"

अमियट को जब वह बात समझा दी गई, तब उन्होंने पूछा–"क्यों?"

राम०–"नहीं तो मेरे साथ मजाक क्यों करते?"

अमि०–"कैसा मजाक?"

राम०–"मेरा पैर तोड़कर जहाँ इच्छा हो वहाँ जाने कहने से मालूम होता है कि मैंने आप लोगों के घर विवाह किया है। मैं ग्वाले का लड़का हूँ, अंग्रेज की बहिन से विवाह करने पर मेरी जात चली जाएगी।

दुभाषिए ने जब अमियट को बात समझा दी, तब भी वे कुछ समझ न सका। मन में सोचा कि जिस तरह इस देश के रहने वाले (नेटिव लोग) खुशामद करके–"माई-बाप, भाई" इस तरह के संबंध-सूचक शब्द कहते हैं, रामचरण उसी तरह संबंध सूचक शब्द व्यवहार करके उन्हें सम्बन्धी कह रहा है। बिलकुल नाराज नहीं हुए। उन्होंने पूछा–"तुम क्या चाहते हो?"

रामचरण ने कहा–"मेरा पैर जोड़ देने का हुक्म हो जाये।"

अमियट ने हँसकर कहा–"अच्छा, तुम कुछ दिन हम लोगों के साथ रहो मैं दवा दूँगा।"

रामचरण यही चाहता था। प्रताप कैदी बनकर चला, रामचरण उसके साथ रहना चाहता था। इसलिए रामचरण अपनी इच्छा से उसके साथ चला वह कैद नहीं था।

प्रताप जिस रात को भागा, उसी रात में रामचरण बिना किसी से कुछ कहे नाव से उतरकर धीरे-धीरे चला गया। जाते समय रामचरण इंडिल-मिडिल (अंग्रेजों) को माँ-बाप-बहन की बहुत-सी गालियाँ देता हुआ गया।

अब शायद उसका पैर ठीक हो गया है।

आठवाँ परिच्छेद

पर्वत के ऊपर

आज रात में चन्द्रमा आकाश में नहीं निकला। बादलों ने आकर चाँद-तारे, आकाश-गंगा, नीलिमा, सबको ट्रैक कर लिया। बादल आकाश में चारों ओर एकाकार जमे हुए, जल से भरे

हुए थे इसलिए धुएँ के रंग के थे। उनके नीचे अपार गाढ़ा अंधकार था इससे नदी, बालू वाला किनारा, किनारे पर खड़ी पर्वत-माला, सब थक गए थे। उसी अंधकार में, पर्वत के निचले भाग में अकेली थी शैवलिनी।

रात की पिछली बेला में नाव का पीछा करते अंग्रेजों के नौकरों को बहुत दूर छोड़कर किनारे लगी नाव पर गए। नदी के किनारे बड़े–बडे एकान्त स्थानों की कमी नहीं थी। उसी प्रकार के एक निर्जन स्थान पर नाव लगी थी। उसी समय शैवलिनी छिपकर नाव से भाग गई। इस बार शैवलिनी बुरी भावना से नहीं भागी थी। जिस भय से जलते हुए जंगली जीव भागते हैं, शैवलिनी उसी भय से प्रताप का साथ छोड़कर भाग रही थी। शैवलिनी प्राणों के भय से सुख, सुंदरता, प्रेम आदि से पूर्ण संसार से भागी। सुख, सुंदरता, प्रेम, ऐश्वर्य, इन सब पर अब शैवलिनी का कोई अधिकार नहीं रहा–आशा नहीं रही इनकी इच्छा भी अब त्याज्य थी। पास रहकर कौन इच्छा का त्याग कर सकता है? मरुभूमि में रहकर कौन प्यासा राही शीतल-स्वच्छ सुगंधित जल देखकर बिना पीए रह सकता है। विक्टर ह्यूगो ने समुद्र के ताल में रहने वाले भयंकर और राक्षसी स्वभाव वाले जिस मनुष्याहारी जीवों (पुरुभुज) का वर्णन किया है, लोभ या इच्छा, मालूम होता है, उसी स्वभाव के हैं। ये अत्यंत स्वच्छ, स्फटिक से भी उज्ज्वल जल में रहते हैं। इनके घर में कोमल प्रकाश फैलते रहते हैं किन्तु ये मनुष्य मोती, मूंगे आदि अपनी किरणें फैलाते रहते हैं; पकड़ लेने पर फिर कोई छुड़ा नहीं सकता। सौ हाथों में हजार-हजार गाँठों से यह जकड़ लेता है। तब यह राक्षस अपने खून पीने वाले हजार मुँहों को अभागे मनुष्य के अंगों पर लगा देता है और उसका खून पीने लगता है।

शैवलिनी युद्ध में अपने को असमर्थ समझकर रण–भूमि छोड़कर भाग गई। उसके मन में भय था कि प्रताप उसके भागने का हाल जानते ही उसे खोजने लगेगा। इसलिए पास में कहीं भी न रुककर वह जितना भाग सकी, उतनी ही दूर चली गई। भारतवर्ष की करधनी के समान जो पर्वत श्रेणी पास ही फैली थी, उसे दिख गई। पर्वत पर चढ़ने पर पीछे से कोई खोजने वाला उसे पा जाएगा, इसलिए वह दिन में पर्वत पर चढ़ी नहीं वन में छिपी रही। सारा दिन बिना कुछ खाए बीत गया, सायंकाल बीत गया। पहले अँधेरा हुआ, फिर चाँदनी निकलने लगी। शैवलिनी ने अँधेरे में पर्वत पर चढ़ना आरंभ किया। अँधेरे में पत्थर के टुकड़ों की ठोकर से उसके दोनों पैर बुरी तरह घायल हो गए। उन छोटी लता-झाड़ियों में रास्ता मिलता नहीं था; काँटों में, टूटी हुई डालियों के अगले सिरे में या निकली हुई जड़ों के अगले भाग में लगकर कट जाने से उसके हाथ-पैरों सभी से खून आने लगा। शैवलिनी का प्रायश्चित आरंभ हुआ।

इससे शैवलिनी को दुःख नहीं हुआ! शैवलिनी अपनी इच्छा से इस प्रायश्चित में लगी थी। वह अपनी ही इच्छा से सुखमय संसार को छोडकर इस भयंकर काँटों से भरे, हिंसक जन्तुओं से घिरे पर्वत के वन में बैठी थी। इतने दिनों तक घोर पाप में डूबी हुई थी। अब दुःख भोगने से क्या वह पाप किसी प्रकार मिट जाएगा?

इसलिए घायल पैरों और खून से लथपथ शरीर से भूख और प्यास से पीड़ित होकर शैवलिनी पर्वत पर चढ़ने लगी। राह नहीं लता, झाड़ी और पत्थरों के ढेर में दिन में भी राह नहीं मिल पा रहा था इस समय तो अंधकार है। इसलिए वह बहुत कष्ट झेलकर ही थोड़ी ही दूर चढ़ सकी।

इसी समय घनघोर बादलों की घटाएँ उमड़ आयीं। कहीं एक छेद तक जिसमें नहीं, ऐसे एक काले घूँघट से आकाश का मुख ढँक गया। अंधकार की राह पर तह में उतरकर पर्वत-श्रेणी, नीचे के वन-समूह, दूर की नदी सबको ढँक लिया; सारा संसार अंधकारमय होकर शैवलिनी को मानो कहने लगा कि संसार में पत्थर, काँटे और अंधकार को छोड़कर और कुछ भी नहीं है। पर्वत पर और चढ़ने की इच्छा व्यर्थ थी। शैवलिनी हताश होकर उसी काँटों के वन में बैठ गई।

आकाश के मध्य से लेकर क्षितिज तक और क्षितिज से नीचे तक बिजली चमकने लगी– अत्यंत भयंकर! साथ ही अति भयंकर रूप में बादल गरजने लगा। शैवलिनी ने समझा, भयंकर ग्रीष्म ऋतु की आँधी उस पर्वत के शिखर पर आने वाली है। हानि क्या है? इस पर्वत के अंगो से बहुत-से वृक्ष डालें और फूल-पत्ते टूटकर नष्ट हो जाएँगे शैवलिनी के भाग्य में क्या वह सुख नहीं होगा?

देह पर किसका शीतल सुखदायी स्पर्श मालूम पड़ा वर्षा की एक बूँद का पट्ट, पट्ट, पट्ट! उसके बाद दिगन्त–व्यापी मेघ गर्जन। वह गर्जन वर्षों का, हवा का और बादलों का था। उसके साथ ही कहीं वृक्ष की डाल टूटने का, कहीं डरे हुए पशु का चिल्लाना, कहीं अपने स्थान से गिरते हुए शिला–खण्ड की | आवाज। दूर गंगा की छलकती हुई लहरों का कोलाहल। सिर झुकाकर पत्थर के आसन पर शैवलिनी बैठी है, सिर के ऊपर शीतल जल–धारा गिर रही है। शरीर पर पेड़ों, लताओ, झाड़ियों की डालें हवा के थपेडे खाकर टकरा रही है. बार–बार टकराती हैं। पर्वत की चोटी की ओर से पानी की धारा अत्यंत वेग सेआकर शैवलिनी की जाँघ तक को डुबा रही है।

तुम जड़ प्रकृति हो! तुम्हें करोड़ों प्रणाम! तुममें दया नहीं, ममता नहीं, स्नेह नहीं, जीवों के प्राण लेने में संकोच नहीं, तुम सारे कष्ट की जननी हो और तुमसे ही हम सब कुछ पाते हैं–तुम सभी सुखों की भण्डार हो, सर्व मंगलमयी हो, सब इच्छाओं को पूर्ण करने वाली हो, सब अर्थों को सिद्ध करने वाली और सर्वांगसुन्दरी हो–तुमको नमस्कार है! हे महाभयंकरी, नाना रूप–रंगो वाली काली! तुम माथे पर चन्द्रमा का टीका पहनकर, सिर पर तारों का मुकुट धारण करके, मोहित करने वाली हँसी-हँसकर संसार को मोह रही हो! गंगा की छोटी-छोटी लहरों से फूलों की माला गूंथकर फूल-फूल में चन्द्रमा को भुलाती हो। बालू के कणों में कोटि-कोटि हीरे जगमगा देती हो! गंगा के हृदय में नीलिमा ढालकर उससे युवक और युवतियों को कितने सुखों में बहाती थीं! मानों कितना प्यार करना जानती हो, कितना प्यार दिया था। आज यह क्या? तुम विश्वास करने योग्य नहीं हो, तुम सर्वनाश करने वाली हो! प्राण लेकर तुम खेल क्यों करती हो, यह तो जानता नहीं–तुम्हें बुद्धि नहीं है, ज्ञान नहीं है, चेतना नहीं है; किन्तु तुम सर्वमयी हो, सब कुछ नाश करने वाली हो और सर्वशक्तिमयी हो। तुम ईश्वर की माया हो, तुम ईश्वर की कीर्ति हो। तुम अजेय हो। तुम्हें कोटिशः प्रणाम है!

बहुत देर बाद वर्षा रुकी, लेकिन आँधी नहीं रुकी, केवल कुछ कम हो गई। अँधेरा मानो बढ़ गया। शैवलिनी ने सोचा कि जल से भीगे, बिछलन से भरे पर्वत पर चढ़ना और उससे उतरना, दोनों ही असाध्य है। उसी स्थान पर बैठी हुई ठण्डक से वह काँपने लगी। तब उसे गृहस्थी के सुखों से भरा हुआ वेदग्राम के पति का घर याद आने लगा था। मन में ऐसा हो रहा था कि यदि एक बार और वहीं सुखों को देखकर मर सकूँ, तो भी सुख से मर जाती। किन्तु वह तो दूर है, लगता है कि अब सूर्योदय भी नहीं देख सकूँगी। बार-बार जिस मृत्यु को बुलाया है, आज वह पास है। ऐसे समय उसी निर्जन पर्वत पर, उसी अगम्य जंगल के बीच, उसी महाघोर अंधकार में किसी मनुष्य ने शैवालनी के शरीर पर हाथ रखा।

पहले शैवलिनी ने सोचा कि कोई जंगली पशु है। शैवलिनी डरकर बैठ गई। किन्तु फिर वही हाथ का स्पर्श अँधेरे में कुछ दिखाई पड़ता नहीं। शैवलिनी भयभीत स्वर से बोली–"तुम कौन हो, भगवान या मनुष्य? मनुष्य हो तो शैवलिनी को डर नहीं–किन्तु भगवान होने पर डर है, क्योंकि भगवान दण्ड देने वाले हैं।"

कुछ उत्तर नहीं मिला। किन्तु शैवलिनी ने सोचा कि मनुष्य हो या भगवान, उसे दोनों हाथों से पकड़ रहा है। उसने अपने कंधे पर गरम साँप के न जाने का अनुभव किया। देखा कि एक

हाथ उसकी पीठ पर रखा गया और एक हाथ में उसके दोनों पैर इकट्ठे करके घुमाकर पकड़े गए। शैवलिनी ने देखा कि उसे कोई उठा रहा है। शैवलिनी चीख उठी समझा, मनुष्य हो या भगवान हो, उसे हाथों पर उठाकर कहीं ले जा रहा है। कुछ देर बाद मालूम पड़ा कि कोई उसे गोद में उठाकर सावधानी से पर्वत पर चढ़ रहा है। शैवलिनी ने सोचा कि यह जो भी हो, लॉरेन्स फास्टर नहीं है।

चौथा खण्ड
प्रायश्चित

पहला परिच्छेद

प्रताप ने क्या किया?

प्रताप जमींदार और डाकू था। हम जिस समय की बात कह रहे हैं, उस समय बहुत-से जमींदार एक थे। डार्विन ने कहा कि मनुष्य जाति बंदरों की प्रपौत्र (परपोता) है। इस बात पर यदि किसी ने क्रोध नहीं किया तो, आशा है कि अपने पूर्वजों का यह अपयश सुनकर कोई जमींदार हमारे ऊपर क्रोध नहीं करेगा। सचमुच हाकु के यज्ञ में जन्म लेना कोई हेठी की बात नहीं है। क्यों नहीं? इसलिए कि और जगह देखता है कि बहुत-से डाकूँ के वंशज ही गौरव में प्रधान समझे जाते थे। तैमूरलंग नाम के प्रसिद्ध डाकू के खानदान वाले ही वंश की मर्यादा में संसार में श्रेष्ठ माने गये थे। इंग्लैंड में जो लोग वंश की मर्यादा के विशेष अभिमान करना चाहते हैं, नॉर्मन और स्कैंडेनेविया के नाविक डाकुओं के वंश का कहकर अपना परिचय देते है। प्राचीन भारत में कुरु वंश की ही विशेष प्रतिष्ठा थी वे लोग गाय चुराने वाले थे–विराट के राजा की गोशाला में गायों की चोरी करने गए थे। दो-एक बंगाली जमींदारों की भी कुछ इसी प्रकार की वंश-मर्यादा है।

पुराने अन्य जमींदारों से प्रताप की डाकूगिरी में कुछ भेद था। अपनी सम्पत्ति की रक्षा के लिए या भयंकर शत्रु का दमन करने के लिए ही प्रताप डाकुओं की सहायता लेता था। व्यर्थ दूसरे की सम्पत्ति हड़पने के लिए या दूसरों को कष्ट देने के लिए ऐसा नहीं करता था। इस प्रकार कुछ लोग दुर्बल या सताये हुए आदमी की रक्षा करके परोपकार के लिए ही डाकू का बनते थे। प्रताप फिर उसी पथ पर जाने के लिए तैयार हुआ।

जिस रात को शैवलिनी नाव छोड़कर भागी, उसी रात के सुबह प्रताप नींद से उठकर, रामचरण को जाना, देखकर प्रसन्न हुआ। किन्तु शैवलिनी को न देखकर चिन्तित हो उठा। कुछ

देर उसकी राह देखने के बाद उसे न देखकर उसकी खोज शुरू की। गंगा के किनारे खोजा नहीं पाया। बड़ी देर हो गई। प्रताप ने निराश होकर सोचा कि शैवलिनी डूब मरी। प्रताप जानता था कि इस समय उसका डूब मरना असम्भव नहीं है।

प्रताप ने पहले सोचा–"मैं ही शैवलिनी की मृत्यु का कारण हूँ।" किन्तु यह भी सोचा–"मेरा क्या दोष? मैं धर्म से हटकर अधर्म की राह पर गया नहीं। शैवलिनी जैसे भी मरी, उसमें मेरा कोई दोष नहीं है।" इसलिए प्रताप ने अपने ऊपर क्रोध करने का कोई कारण नहीं पाया। चन्द्रशेखर पर कुछ क्रोध करने का कोई कारण नहीं पाया। चन्द्रशेखर पर कुछ क्रोध किया–चन्द्रशेखर ने क्यों शैवलिनी से विवाह किया था? रूपसी पर कुछ क्रोध आया क्यों शैवलिनी के साथ उसका विवाह न होकर रूपसी के साथ हुआ था? सुन्दरी के ऊपर एक और कारण से क्रोध आया–यदि सुन्दरी उसे न भेजती तो प्रताप के साथ उसका तैरना नहीं हो पाता, शैवलिनी भी मरती नहीं। किन्तु सबसे अधिक लॉरेन्स फास्टर पर क्रोध आया–यदि वह शैवलिनी का घर न छुड़ाता तो यह सब नहीं होता। यदि अंग्रेज जाति बंगाल में न आयी होती तो शैवलिनी फास्टर के हाथ न पड़ती। इसलिए सारी अंग्रेज-जाति के प्रति प्रताप के मन में अनिवार्य क्रोध उत्पन्न हुआं। प्रताप ने निश्चय कर लिया कि फास्टर को फिर पकड़कर, मारकर, इस बार अग्नि-संस्कार करना होगा। नहीं तो वह फिर बच जाएगा कब्र में गाड़ने से वह मिट्टी खोदकर फिर उठ सकता है। दूसरा निश्चय यह किया कि अंग्रेज-जाति को बंगाल से उखाड़ फेंकना ही मेरा कर्त्तव्य है। क्योंकि इन सबके बीच में बहुत-से फास्टर है।

इस प्रकार चिंता करते-करते प्रताप फिर मुंगेर लौट आया। वहाँ जब प्रताप किले में गया तो देखा, अंग्रेजों के साथ नवाब का युद्ध होने वाला है, उसकी तैयारी बड़े धूमधाम से हो रही है।

प्रताप को खुशी हुई। मन में सोचा कि क्या नवाब इन राक्षसों को बंगाल से निकाल सकेंगे? क्या फास्टर पकड़ा नहीं जाएगा?

फिर मन में सोचा कि जिसकी जितनी शक्ति हो, उसका कर्तव्य है कि इस कार्य में नवाब की सहायता करे। काठ की बल्लियाँ भी समुद्र बाँध सकती हैं।

फिर सोचा क्या मुझसे कुछ सहायता नहीं हो सकती? मैं क्या कर सकता हूँ? फिर विचारा किया मेरे पास सेना नहीं है, केवल लठेत हैं, डाकू हैं। उनसे क्या-क्या हो सकता है? निश्चय किया कि और कोई कार्य भले ही न हो लेकिन लूट-पाट तो हो ही सकती है। जो गाँव अंग्रेजों की सहायता करेंगे, उनको लुट सकूँगा। जहाँ देखूँगा कि अंग्रेजों की रसद जा रही है, वहीं रसद लूट लूँगा। जहाँ देखूँगा कि अंग्रेजों के रुपये और सामान जा रहे हैं, वहीं लूट लिया करूँगा। इस तरह भी नवाब का बहुत फायदा कर सकूँगा। सामने युद्ध में जो विजय मिलती है, वह शत्रु के विनाश

का साधारण उपाय मात्र है। सेना का पीछे से अवरोध और खाद्य-सामग्री को छीन लेने की बाधा प्रधान उपाय है। जहाँ तक हो सकेगा, वहाँ तक यही करूँगा।

उन्होंने फिर सोचा कि मैं क्यों इतना करूँ? करूँगा, इसके बहुत से कारण है। प्रथम कारण यह है कि एक अंग्रेज ने चन्द्रशेखर का सर्वनाश कर दिया दूसरा यह कि शैवलिनी मर गयी है; तीसरा यह कि अंग्रेजों ने मुझे कैद कर लिया था, चौथा यह कि इसी प्रकार का अनिष्ट उन्होंने बहुत से लोगों के साथ भी किया है और कर सकते हैं; पाँचवाँ यह कि नवाब का यह उपकार कर सकने पर दो-एक, बड़े-बड़े परगने पा सकूँगा। इसलिए मैं यह करूँगा।

तब प्रताप वजीरों की खुशामद करके नवाब से मिले। नवाब के साथ उनकी क्या-क्या बातें हुई, वे बहुत दिनों बाद अपने पति के गाँव लौट आने पर रूपसी की चिंता दूर हुई। लेकिन शैवलिनी की मृत्यु का समाचार सुनकर रूपसी को दुःख हुआ। प्रताप का आना सुनकर सुन्दरी उन्हें देखने आयी। सुन्दरी भी शैवलिनी की मृत्यु का समाचार सुनकर बहुत ही दुःखित हुई। किन्तु उसने कहा–"जो होना था, वही हुआ लेकिन शैवलिनी अब सुखी हो गई। उसके बचने की अपेक्षा मरना ही जो सुखदायक हुआ, उसे फिर किसी मुख से नहीं कहूँगी।"

प्रताप रूपसी और सुन्दरी से मिलकर घर छोड़कर चला गया। शीघ्र ही गाँव-गाँव में सुना गया कि मुंगेर से कटया तक जो डाकू और लठैत दलबदल हो रहे है उन्हें प्रताप दलबदल कर रहा है। सुनकर गुरगन खाँ चिंता में पड़ गए।

दूसरा परिच्छेद

शैवलिनी ने क्या किया?

विकट अंधकार से पूर्ण पर्वत की गुफा में पीठ को काट देने वाले पत्थर की शय्या पर शैवलिनी सोयी थी। विशालकाय पुरुष शैवलिनी को वहीं फेंककर चले गये हैं। आँधी और पानी रुक गया है, किन्तु गुरुत में अंधकार है–सिर्फ-अँधेरा, सिर्फ-अँधेरा, उस अंधकार में भयंकर नीरवता है। आँखें मूंदेने पर अंधकार, आँखों से देखने पर भी वैसा ही अंधकार। शान्ति-सिर्फ, कभी-कभी कहीं पर्वत के छेद से बूँद-बूँद पानी गुफा की शिला पर गिरकर टप-टप आवाज कर रहा है। मानो कोई जीव-आदमी या जानवर, उसी गुफा में साँस ले रहा है।

इतनी देर तक शैवलिनी डरी हुई थी। अब डर भी नहीं रहा। मनुष्य की स्थिर बुद्धि की भी सीमा होती है, शैवलिनी उसे भी पार कर चुकी थी। शैवलिनी को अब कोई डर नहीं है। क्यों

नहीं है? इसलिए कि जीवन उसके लिए सह्य है असह्य भार हो उठा है–फेंक सके तो भी अच्छा है। बाकी जो कुछ था सुख, धर्म, जाति, कुल, मान, सभी चले गये हैं। अब और क्या जाएगा? किसका डर है?

किन्तु शैवलिनी ने बचपन से, चिरकाल से जिस आशा को यत्न-पूर्वक छिपाकर पाल रखा था, उसी दिन या उसके पहले ही उसे नष्ट कर दिया। जिसके लिए सब कुछ छोड़ चुकी थी, इस समय उसे भी छोड़ दिया है। फिर प्राय: दो दिनों का अनशन, किस पर रास्ते की थकान, पर्वत पर चढ़ने की थकान; आँधी और वर्षा का कष्ट, शरीर भी नितान्त व्याकुल और बिलकुल शक्तिहीन हो गया है। तिस पर यह भंयकर देवी कोप! शैवलिनी को लगा कि देव के सहारे ही और कितनी देर तक वह स्वस्थ रह सकती है? शरीर और मन टूट चुका है। शैवलिनी बेहोश होकर आधी नींद और आधी जागती अवस्था में पड़ी रही। गुफा की भारी चट्टान पर सारी पीठ दु:ख रही थी।

पूर्ण रूप से बेहोश हो जाने पर शैवलिनी ने देखा सामने एक अनंत नदी फैली हुई है। किन्तु नदी में पानी नहीं है, दोनों किनारों को डुबाती हुई खून की धार बह रही है। उसमें आदमियों की टूटी हुई हड्डियों के ढाँचे, आदमियों के सिर और कंकाल बह रहे हैं। मूंगेर की शक्ल के सारे जीव चाम-माँस से रहित–केवल हड्डियों और बड़ी भीषण दो आँखों वाले इधर-उधर घूम-घूम गले हुए मुर्दे को पकड़कर खा रहे हैं। शैवलिनी ने देखा कि वही महाकाय पुरुष उसे पर्वत से पकड़कर ले आया है, उसी ने फिर उसे पकड़कर नदी के किनारे बैठाया है। उस प्रदेश में धूप नहीं चाँदनी नहीं, तारे नहीं, बादल नहीं, उजाला भी नहीं और अंधकार भी नहीं है। सब कुछ दिखाई पड़ रहा है, किन्तु धुँधला। खून की नदी, गले हुए मुर्दे सोते में बहती हुई ठठरियाँ, हड्डियों वाले मगर, सब उस भयानक अंधकार में दिखाई पड़ रहे हैं। नदी के किनारे बालू नहीं है–उसके स्थान पर लोहे की सूइयाँ नाके ऊपर किये हुए पड़ी हैं। उस विशाल देहधारी पुरुष ने शैवलिनी को वहीं बैठाकर नदी पार करने को कहा। उस पार जाने का कोई उपाय नहीं है– न नाव न पुल। विशालकाय पुरुष ने कहा–"तैरकर पार करो। तू नैरना जानती है। गंगा में प्रताप के साथ कितनी ही बार तैर चुकी है।" शैवलिनी इस खून की नदी में कैसे तैरेगी? तब उस भीमकाय पुरुष ने अपने हाथ में लिये हुए बेंत को उसे मारने के लिए उठाया। शैवलिनी ने भयभीत होकर देखा कि वह बेंत जलता हुआ लोहा है और लोहे का बना है। उसे देर करते देख वह पुरुष शैवलिनी की पीठ पर बेंत की वर्षा करने लगा। शैवलिनी उसकी चोट से जलने लगी। उस चोट को न सहकर शैवलिनी खून की नदी में कूद पड़ी। त्यों ही हड्डियों वाले मगर उसे पकड़ने के लिए आ गए, किन्तु पकड़ा नहीं। वह तैरती हुई चली। खून की धारा उसके मुँह में घुसने लगी। महाकाय पुरुष उसके साथ-साथ खून की धारा के ऊपर से पैदल चलने लगा डूबा नहीं। बीच-बीच में सड़े हुए

माँस की दुर्गन्ध से भरे हुए मुर्दे उसकी देह में आकर लगने लगे। इस तरह वह उस पार पहुँची। वहाँ पहुँचकर किनारे पर चढ़कर चारों ओर देखकर–"बचाओ! बचाओ!" कहकर चिल्लाने लगी! सामने जो देखा, उसकी सीमा नहीं, देह नहीं, रंग नहीं, नाम नहीं। वहाँ भी उजाला बहुत हल्का था, किन्तु ऐसा जलता हुआ कि शैवलिनी की आँखों में लगते ही उसकी आँखें फटने लगीं। विष मिलने पर जैसी ज्वाला हो सकती है, वैसी ज्वाला ने उसे घेर लिया। नाक में ऐसी दुर्गन्ध घुसी कि उसके नाक ढँकने पर भी वह पगली-सी हो गई। कानों में बहुत ही कठोर, कर्कश और भयानक शब्द आने लगे हृदय को चीरने वाली दु:खियों की पुकार, राक्षसी हँसी, भंयकर हुंकार, पहाड़ का टूटना, बिजली का कड़कना, पत्थरों की वर्षा, पानी की कल्लोल, आग का गर्जन, मरते हुए का रोना सबकुछ इस समय कानों को फाड़ने लगे। सामने से क्षण-क्षण पर भयंकर गर्जन करती हुई ऐसी प्रचण्ड हवा बहने लगी कि वह आग की लपट के समान उसे जलाने लगी। कभी-कभी शरीर में सैकड़ों-हजारों छुरियों की चोट के समान लगती हवा अंगों को काट-काटकर छिन्न-भिन्न करने लगी। शैवलिनी चिल्ला उठी–"प्राण गए, बचा लो!" तब एक असह्य दुर्गन्ध से भरा कीड़ा आकर शैवलिनी के मुँह में घुसने लगा। शैवलिनी चिल्लाती हुई पुकारने लगी यह नरक है! इस जगह से छूटने का क्या उपाय नहीं है?" बचाओ!

महाकाय पुरुष ने कहा–"है!" सोते हुए अपनी ही चिल्लाहट से शैवलिनी की मोह-निद्रा टूट गई, किन्तु फिर भी भ्रम नहीं मिटा। पीठ में पत्थर गड़ रहे थे। शैवलिनी ने भ्रमवश जागती रहने पर भी पुकारा–"अब फिर क्या होगा? क्या मेरे उद्धार का उपाय नहीं है?"

गुफा के भीतर से गम्भीर शब्द हुआ–"है!"

यह क्या है, यह? शैवलिनी क्या सचमुच नरक में है! उसने विस्मित, विमुग्ध और भयभीत चित्त से पूछा–"क्या उपाय है?"

गुफा के भीतर से उत्तर मिला–"बारह वर्ष का व्रत करो!"

यह क्या देव-वाणी है? शैवलिनी कातर होकर कहने लगी–"कौन-सा व्रत है? कौन मुझे सिखाएगा?"

उत्तर–"मैं सिखाऊँगा!"

शै०–"तुम कौन?"

उत्तर–"व्रत धारण करो!"

शै०–"क्या करूँ?"

उत्तर–"तुम अपने कपड़ों को उतार दो और जो कपड़ा मैं देता हूँ, उसे पहनो। हाथ बढ़ाओ!"

शैवलिनी ने हाथ बढ़ाया। फैले हुए हाथ पर एक कपड़ा आ पड़ा। शैवलिनी ने पुराने को उतारकर उसे पहनकर पूछा–"और क्या करूँ?"

उत्तर–"तुम्हारी ससुराल कहाँ है?"

शै०–"वेदग्राम में। क्या वहाँ जाना पड़ेगा"

उत्तर–"हाँ, जाकर गाँव के पास झोपड़ी बनाना।"

शै०–"और?"

उत्तर–"भूमि पर सोना।"

शै०–"और?"

उत्तर–"फल, इसके पत्ते के अतिरिक्त और कुछ न खाना बिलकुल ही और कुछ न खाना!"

शै०–"और?"

उत्तर–"उटा रखना।"

शै०–"और?"

उत्तर–"केवल एक बार संध्या को भीख लेने के लिए गाँव में जाना। भीख माँगते समय गाँव-गाँव में अपने पापों को कहना।"

शै०–"मेरा पाप कहने का नहीं है! और कोई प्रायश्चित नहीं है?"

उत्तर–"है!"

शै०–"क्या है?"

उत्तर–"मृत्यु!"

शै०–"मृत्यु धारण कर लिया! आप कौन हैं?"

शैवलिनी को कोई उत्तर नहीं मिला। तब शैवलिनी ने फिर दीन भाव से पूछा–"आप जो भी हो, मैं जानना नहीं चाहती। पर्वत के देवता कहकर मैं आपको प्रणाम करती हूँ। आप मेरी एक बात का उत्तर दीजिए मेरे स्वामी कहाँ है।

उत्तर–"क्यों?"

शै०–"अब मैं क्या उनका दर्शन कभी नहीं कर पाऊँगी?"

उत्तर–अपना प्रायश्चित समाप्त हो जाने पर देख पाओगी।"

शै०–"बारह वर्षों के बाद।"

उत्तर–"हाँ, बारह वर्षों के बाद।"

शै०–"इस कठोर प्रायश्चित का व्रत लेकर मैं कितने दिन बिताऊँगी? यदि बारह वर्षों के बीच में ही मर जाऊँ तो?"

उत्तर–"नहीं मरते समय दर्शन पाओगी।"

शै०–"किसी भी उपाय से क्या उसके पहले दर्शन नहीं पाऊँगी?

उत्तर–"यदि इसी समय उसको देखना चाहो तो एक सप्ताह तक इसी कन्दरा में अकेली रहो। इस सप्ताह भर दिन-रात केवल स्वामी का ही चिन्तन करो और किसी बात को मन में न लाना। इन दिनों में केवल एक बार संध्या के समय फल लेने के लिए बाहर निकलना। उससे भर पेट भोजन न करना जिससे भूख न मिटे। किसी आदमी के पास न जाना अथवा किसी का सामना हो जाने पर भी उससे बात न करना। यदि इस अँधेरी गुफा में एक सप्ताह रहकर सरल चित्त में, निरन्तर अनन्य भाव से केवल अपने स्वामी को ध्यान करो, तो उनका दर्शन पाओगी।"

तीसरा परिच्छेद

हवा उठी

शैवलिनी ने वही किया। सात दिन तक गुफा से बाहर नहीं निकली, केवल एक बार शाम की वेला में फल-फूल की खोज में बाहर निकलती थी। सात-दिनों तक किसी आदमी के साथ बात नहीं करती थी। प्राय: निराहार रहकर उसी विकट अंधकार में अनन्य-चित्त होकर स्वामी का चिन्तन करने लगी–कुछ देख नहीं पाती थी, कुछ सुन नहीं पानी थी, कुछ कह नहीं पाती थी। इन्द्रियाँ वशीभूत, मन वशीभूत सब जगह स्वामी ही सारी चित्तवृत्तियों के एकमात्र अवलम्बन हो गए। अँधेरे में और कुछ देख नहीं पाती थी–सात-दिन केवल स्वामी का ही मुख देखा। भयंकर शांति में कुछ सुन नहीं पाती थी केवल स्वामी की ज्ञान से परिपूर्ण, स्नेह से भरपूर बातें सुन सकी। नाक केवल उसके फूलदान के फूलों की सुगन्ध पाने लगी, शरीर केवल चन्द्रशेखर के प्यार में भरे स्पर्श का अनुभव करने लगी। और कोई भी आशा नहीं और कुछ था भी नहीं, केवल स्वामी के दर्शन की लालसा थी। यादें केवल उनके दाढ़ी में सुशोभित, उँचे ललाट वाले मुख-मण्डल के चारो ओर घूमने लगी–काँटों से घिरे हुए पंख वाली भौंरें जिस प्रकार दुर्लभ सुगन्धित फूलों वाले वृक्ष के नीचे कष्ट में चारों ओर घूमता रहता है, उसी प्रकार घूमने लगी। जिसने इस व्रत की आज्ञा दी थी, वे मनुष्य के चित्त को पूर्ण रूप से देखने में समर्थ थे, इसमें सन्देह नहीं! निर्जन शान्त

अंधकार, मनुष्य का कहीं दर्शन नहीं इसलिए शरीर कलेश में पड़ा हुआ, भूख में व्यथित और मन अन्न की चिंता में दूर था। ऐसे समय में, जिस विषय में मन लगाया जाए, उसी का ध्यान करते-करते चित्त आनन्मय हो जाता है। इसी दशा में अवसन्न शरीर में, अवसन्न मन में एकाग्र चित्त में स्वामी का ध्यान करते-करते शैवलिनी को मनोविकार उत्पन्न हो गया। मनोविकार अथवा दिव्य चक्षु? शैवलिनी ने हृदय के भीतर के दिव्य आँखें खोलकर देखा–यह कैसा रूप है! यह लम्बे शालवृक्ष को भी निन्दित करने वाला, सुंदर भूजाओं वाला, सुगठित सुकुमार-सुंदर यह शरीर मानो रूप का शिखर है। यह जो चौड़ा ललाट है, चन्दन से चर्चित, चिंता की रेखाओं वाला मानो सरस्वती की शय्या है, इन्द्र की रणभूमि है, कार्यदेव का सुत्रमय कुंज है, लक्ष्मी का सिंहासन है! इसके सामने प्रताप? छिःछिः! समुद्र के सामने गंगा! ये जो आखें हैं चमकती हैं, हँसती हैं, घूमती हैं, बड़ी-बड़ी फैली हुई, तीखी ज्योति वाली, स्थिर, स्नेहपूर्ण, करुणामय, कुछ-कुछ लाल, सर्वत्र तत्व को खोजनेवाली–इनके सामने प्रताप की आँखें? क्यों मैं भूल गई, क्यों डूब गई, क्यों मर गई? यह जो सुंदर-सुकुमार-बलिष्ठ देह है नये पत्तों वाला मानो शाल-वृक्ष है। माधवी तना से लिपटा हुआ है, फूलों से ढँका हुआ पर्वत है, आधी सुंदरता और आधी शक्ति–आधा सूर्य और आधा चन्द्रमा–आधी गौरी और आधा शंकर, आधी राधा और आधा कृष्ण हैं–आधी आशा और आधा भय, आधी ज्योति और आधी छाया है–आधी अग्नि है और आधा धूम्र है–प्रताप इनके सामने क्या है? क्यों नहीं देखा क्यों डूबी–क्यों मर मिटी? वह परिष्कृत, स्पष्ट, हासयुक्त, व्यग्यमयी, स्नेह से भीगी हुई, कोमल, मधुर और विशुद्ध वाणी! उनके सामने प्रताप? क्यों डूब गई, क्यों मर मिट्टी और उन्हें किनारे छोड़ दिया? वह जो उनकी हँसी वह फूल के पात्र में शोभित मल्लिका की पुष्प-राशि के समान, मेघ-मण्डल में बिजली के सदृश, कितने वर्ष में दुर्गोत्सव के समान, मेरे सुबह के स्वप्न की भाँति उसे क्यों नहीं देखा? क्यों डूबी और मर मिटी? वह उनका प्रेम समुद्र के समान गम्भीर, अपार, अपारसीम, अथाह अपनी बात से अपने आप चंचल शान्त भाव में स्थिर, गम्भीर और मधुरता से पूर्ण, चंचलता में नट को डूबा देने वाला, तरंगों के कारण भयंकर, अगम्य, अज्ञेय, डरा देने वाला क्यों नहीं समझा क्यों नहीं ध्यान दिया क्यों अपने को मिटाकर प्राण नहीं दिये? मैं कौन हूँ? क्या मैं उनके योग्य हूँ–बालिका, अज्ञानी, अपढ़, झूठी उनकी महिमा को समझने में असमर्थ उनके सामने मैं क्या हूँ? समुद्र में सीप, फूल में कीड़ा, चन्द्रमा में कलंक, चरणों में फूल की पंखूड़ी–उनके सामने मैं क्या हूँ? जीवन में दुःस्वप्न के समान, हृदय में भूल के समान, सुख में बाधा के समान, आज्ञा में अविश्वास के समान उनके सामने मैं क्या हूँ? तालाब में कीचड़-सी, कमलों में काँटे-सी, पवन में धूल-सी, आग में पतंग-सी–मैं डूब गई मर क्यों न गई?

जिसने कहा था कि इसी प्रकार स्वामी का ध्यान करो, वह अनंत मानवों के हृदय-समुद्र का माझी है–सब कुछ जानता है! वह जानता है कि इस मन्त्र से, चिरकाल से बहती हुई नदी की धारा अपना चाल बदल देती है–जानता है कि इस कठोर पर्वत से टकराकर चूर-चूर हो जाएँगे। इस कूप में समुद्र स्तब्ध हो जाता है और इसी मन्त्र से वायु-स्तम्भित (गतिहीन) हो जाती है। शैवलिनी के हृदय में बहुत दिनों से बहती हुई नदी की धारा दूसरी दिशा में लौट गई, पर्वत टूट गया, समुद्र सूख गया, हवा की गति रुक गई। शैवलिनी ने प्रताप को भूलकर चन्द्रशेखर से प्रेम किया।

मनुष्य की इन्द्रियों का रास्ता रोक दो–इन्द्रियों को विलुप्त कर दो, मन को बाँधो, बाँधकर एक ही राह पर छोड़ दो, दूसरे रास्तों को बंद कर दो, मन की शक्ति को समेटो तो मन क्या करेगा? उसी एक राह पर जाएगा–उसी पर स्थिर हो जाएगा उसी में लीन हो जाएगा। शैवलिनी ने पाँचवें दिन के लिए हुए फल-फूल को नहीं खाया छठे दिन फल-फूल लेने नहीं गई सातवें दिन प्रातःकाल सोचा–स्वामी का दर्शन पाऊँ या नहीं पाऊँ आज प्राण दे दूँगी। सातवीं रात को उसे लगा कि हृदय में कमल का फूल लिख उठा है–उसी पर चन्द्रशेखर योगासन लगाकर बैठे हैं, शैवलिनी भौंरी होकर उनके चरण-कमलों में गुंजन कर रही है।

सातवीं रात में उसी अँधेरी, शान्त, पत्थरों वाली कठोर गुफा में अकेली स्वामी का ध्यान करती-करती शैवलिनी बेहोश हो गई। वह भाँति-भाँति के स्वप्न देखने लगी। कभी देखा कि वह भंयकर नरक में डूबती जा रही है; अगणित सौ हाथ के लम्बे साँप अपनी हजारों जीभें फैलाकर उसे पकड़ रहे हैं–सबकी मिली हुई साँसों से आँधी की-सी जोरदार आवाज हो रही है। चन्द्रशेखर आकर एक विशाल साँप के फण पर पैर रखकर खड़े हो गए तब सारे साँप बाढ़ के पानी के समान वहाँ से खिसक गए।

कभी देखा कि एक अपार कुण्ड में पर्वत के समान ऊँची आग जल रही है, आकाश में उसकी लपटें उठ रही है; शैवलिनी उसी में जल रही है। ठीक उसी समय चन्द्रशेखर ने आकर उसमे एक चुल्लू जल छिड़क दिया, तब आग बुझ गई, शीतल पवन चलने लगा, उस कुण्ड में कल-कल करती हुई नदी बहने लगी, किनारे पर फूल खिल उठे। नदी के जल में बड़े-बड़े कमल खिल गए चन्द्रशेखर उन पर खड़े होकर बहने लगे।

कभी देखा कि एक विशाल बाघ आकर शैवलिनी को मुँह में उठाकर पहाड़ पर जा रहा है। चन्द्रशेखर ने आकर पूजा के फूलों के पात्र से एक फूल उठाकर उसे खींचकर बाघ को मारा और उसकी गर्दन ही कट गई और उसने तुरंत छोड़ दिए।

रात की पिछली बेला में शैवलिनी ने देखा कि उसकी मृत्यु हो रही है, और उसे इसका ज्ञान है। देखा कि काले बादलों के अनंत समूह, कितनी ही बिजलियों की अग्नि-राशि पार करके

उसके केशों को पकड़कर उड़ते चले जा रहे हैं! कितनी ही आकाशचारी अप्सराएँ, किन्नर आदि बादलों की लहरों से अपना मुँह ऊपर उठाकर शैवलिनी को देखकर हँस रहे हैं। देखा कि बहुतेरी आकाशचारिणी ज्योतिर्मयी देवियाँ सुनहले बादलों पर चढ़कर, सुनहले बिजलियों की माला पहनकर, काले केश-कलाप से ढके हुए ललाट पर उसकी माला गूंथकर घूम रही है। शैवलिनी के पापमय शरीर को छूकर बहने वाली हवा के स्पर्श से उनकी ज्योति बुझी जा रही है। कितनी ही आकाश-विहारिणी, अँधेरे के समान शरीर वाली भैरवियाँ राक्षसियाँ काले बादलों के ऊपर चढ़कर भयानक आँधी में घूम-घूमकर खेल कर रही हैं–शैवलिनी के दुर्गन्धपूर्ण शव को देखकर उनके मुँहों से पानी टपकने लगता है। वे हुंकार करती हुई उसे खाने के लिए आ रही है। देखा कि कितने ही भगवान और देवियों के विमानों की कालेपन से शुन्य आलोकमयी छाया बादलों पर पड़ रही है; पीछे पापिनी शैवलिनी के शव की छाया उन विमानों की पवित्र छाया से लगने पर शैवलिनी के पाप नष्ट हो जाएँगे यह सोचकर वे अपने–अपने विमान हटा रही हैं। फिर देखा कि नक्षत्र–सुन्दरियाँ नीचे आकाश में अपने छोटे-छोटे मुख बाहर निकालकर, अपनी किरणों वाली उँगलियों से एक-दूसरे को शैवलिनी का शव दिखाकर कह रही है–"देखो बहन! देखो, देखो, मनुष्य जीवों में और भी असती है! कोई तारिका सिहरकर आँखें मूंद रही है, कोई गिरकर लज्जा से बादल में मुख छिपा रही है, कोई तारिका 'असती' का नाम सुनकर डर से बुझी जा रही है। पिशाच उसे लेकर ऊपर उठ रहे हैं; उसके ऊपर और ऊँचे अनेक बादल बहुतेरे तारों को पार करके ऊपर उठ रहे हैं। कह रहे हैं कि बहुत ऊपर जाकर वहाँ से शैवलिनी के शव को नरक-कुण्ड में छोड़ देंगे। जहाँ वे ऊपर गये, वहाँ अँधेरा और ठंडक थी–बादल नहीं, तारे नहीं, प्रकाश नहीं, पवन नहीं, शब्द नहीं। शब्द नहीं था, किन्तु बहुत दूर पीछे से सहसा अत्यंत कठोर काल-कल, घर-घर शब्द सुनाई पड़ने लगा मानो बहुत दूर नीचे के भाग में सैकड़ों-हजारों समुद्र एक साथ गर्जन कर रहे हैं। पिशाचों ने कहा–"यह नरक का कोलाहल सुनाई पड़ रहा है। इसी जगह से शव को फेंक दो!" यह कहकर पिशाचों ने शैवलिनी के सिर पर लात मारकर उसे नीचे फेंक दिया। शैवलिनी घूमनी-घूमती नीचे गिरने लगी। क्रमश: घूमने की गति और तेज होने लगी, अंत में कुम्हार के चाक के समान घूमने लगी। शव के मुँह से, नाक से खून गिरने लगा। क्रम से नरक का गर्जन निकट आने लगा, दुर्गन्ध बढ़ने लगी अकस्मात होश में मरी हुई शैवलिनी ने नरक को देखा। उसके बाद उसकी आँखें अन्धी और कान बहरे हो गए। तब वह मन-ही-मन चन्द्रशेखर का ध्यान करने लगी और मन-ही-मन पुकारने लगी तुम कहाँ हो स्वामी? कहाँ हो प्रभु! स्त्री जाति के जीवन-सहायक, पूजा के भगवान! सर्व मंगलमय चन्द्रशेखर, तुम कहाँ हो? तुम्हारे चरणों में सहस्र-सहस्र प्रणाम! मेरी रक्षा करो! तुम्हारे निकट पाप करके मैं इस नरक-कुण्ड में गिर गई हूँ।

तुमने यदि रक्षा नहीं की तो कोई भी भगवान मेरी रक्षा नहीं कर सकता–मेरी रक्षा करो! तुम मेरी रक्षा करो, प्रसन्न होकर, यहाँ आकर मेरे मस्तक पर अपने दोनों चरण उठाकर रखो, उन्हीं से मैं नरक से उद्धार पा सकूँगी।"

तब अन्धी, बहरी, मरी हुई शैवलिनी को मालूम पड़ने लगा कि उसे किसी ने उठाकर गोद में बैठा लिया–उसके शरीर की सुगन्ध से दिशाएँ भर उठीं। यह कठोर नरक की आवाजें सहसा गायब हो गयीं, दुर्गन्ध के स्थान पर फूलों की सुगन्ध फैल गई। सहसा शैवलिनी का बहरापन दूर हो गया, आँखों में देखने की शक्ति लौट आई। एकाएक उसे लगा कि यह मृत्यु नहीं, जीवन है यह स्वप्न नहीं, सत्य है। शैवलिनी की बेहोशी दूर हो गई।

उसने आँखें खोलकर देखा कि गुफा में थोड़ा-सा प्रकाश आ रहा है, बाहर पक्षियों का प्रात:कालीन कलरव सुनाई पड़ रहा है। किन्तु यह क्या है? किसकी गोद में उसका सिर है? उसके सिर के ऊपर किसका मुखमण्डल, आकाश में उगे हुए पूर्ण चन्द्रमा के समान इस प्रभात के अंधकार को प्रकाश दे रहा है? शैवलिनी ने पहचाना कि वे ब्रह्मचारी के वेश में चन्द्रशेखर है।

चौथा परिच्छेद

नाव डूब गई

चन्द्रशेखर ने कहा–"शैवलिनी!"

शैवलिनी उठकर बैठ गई और चन्द्रशेखर के मुँह की ओर देखने लगी फिर सिर घुमाया और लौट गई, उसका मुँह चन्द्रशेखर के चरणों में जा लगा। चन्द्रशेखर ने उसे पकड़कर उठा लिया, उठाकर अपने शरीर पर भार रखकर उसे बैठाया।

शैवलिनी रोने लगी। जोर से रोती-रोती वह फिर चन्द्रशेखर के पैरों पर गिरकर कहने लगी–"अब मेरी क्या दशा होगी?"

चन्द्रशेखर ने कहा–"तुम मुझे क्यों देखना चाहती थी?"

शैवलिनी ने आँखें पोंछी, रोना बंद किया और स्थिर होकर कहने लगी–"मालून होता है कि अब मैं बहुत कम दिन जीवित रहूँगी।" वह सिहर उठी, स्वप्न में देखे हुए दृश्य उसको याद आ गए। क्षण भर सिर पर हाथ रखकर चुप रही, फिर कहने लगी–"कम दिन जीवित रहूँगी, अतः मरने के पहले एक बार तुम्हें देखने की इच्छा हुई थी। इस बात पर कौन विश्वास करेगा? जो पतिता होकर स्वामी को छोड़कर चली आई है, उसे फिर स्वामी को देखने की इच्छा क्यों?"

शैवलिनी ने दीनता का एक विकट हास किया।

चन्द्रशेखर–"तुम्हारी बात पर मुझे अविश्वास नहीं है, मैं जानता हूँ कि अंग्रेज तुम्हें जबरदस्ती पकड़ लाया था।"

शैवलिनी–"यह बात झूठी है। मैं अपनी इच्छा से फास्टर के साथ चली आई थी। डाका डालने के पहले फास्टर ने मेरे पास आदमी भेजे थे।"

चन्द्रशेखर ने सिर नीचा कर लिया। धीरे-धीरे उन्होंने शैवलिनी को फिर सुला दिया, धीरे-धीरे उठ खड़े हुए। आकाश की ओर देखकर कोमल मधुर स्वर में कहा–"शैवलिनी! बारह वर्षों तक प्रायश्चित करो। यदि दोनों जीवित रहे तो फिर भेंट होगी। इस समय इतना ही!"

शैवलिनी ने हाथ जोड़े और कहा–"तनिक और बैठो। मालूम होता है कि प्रायश्चित मेरे भाग्य में नहीं है।" फिर वही स्वप्न उसे याद आ गया –"बैठो, क्षण भर तुम्हें देखूँ।"

चन्द्रशेखर बैठ गए।

शैवलिनी ने पूछा–"आत्महत्या में पाप है क्या? शैवलिनी स्थिर दृष्टि से चन्द्रशेखर को देख रही थी। उसके मिले हुए नयन-कमल जल में डूबे हुए थे।

चन्द्र०–"है! क्या मरना चाहती हो?"

शैवलिनी सिहर गई। कहा–"मर नहीं सकूँगी तो उसी नरक में रहूँगी।"

चन्द्र०–"प्रायश्चित करने पर ही नरक से छुटकारा मिलेगा।"

शैवलिनी–"इस मानसिक नरक से छुटकारा पाने का क्या प्रायश्चित है?"

चन्द्र०–"वह क्या?"

शे०–"इस पर्वत पर भगवान आते हैं। उन्होंन मुझे क्या किया है; कह नहीं सकती, मगर मैं दिन-रात नरक के सपने देखती हूँ।"

चन्द्रशेखर ने देखा कि शैवलिनी की आँखें गुफा में गड़ गई है, मानों बहुत दूर कुछ देख रही है। देखा कि उसका मुर्झाया हुआ मुख सूख गया है, आँखें फैलने लगी है, शरीर रोमांचित हो उठा है, वह काँपने लगी। चन्द्रशेखर ने पूछा–"क्या देखती हो?"

शैवलिनी ने कुछ नहीं कहा, शैवलिनी बड़े जोरों से चिल्ला उठी "तो कोन बचाएगा?" वह पहले की तरह ताकती रहीं। पर कुछ समझ न सकी। एकाएक "प्रभु! बचाओ! बचाओ! तुम मेरे स्वामी हो, तुम नहीं बचाओगे।

शैवलिनी मूर्छित होकर भूमि पर गिर गई।

चन्द्रशेखर ने पास के झरने से जल लाकर उसके मुँह पर छींटे दिये। अपनी चादर से हवा करने लगे। कुछ देर बाद शैवलिनी होश में आई वह उठकर बैठ गई और चुप बैठकर रोने लगी।

चन्द्र०–"क्या देख रही थी?"

शै०–"वही नरक।"

चन्द्रशेखर ने देखा कि शैवलिनी जीते-जी, नरक-भोग करने लगी है। क्षण भर बाद शैवलिनी ने कहा–"मैं मर नहीं सकूँगी, मुझे भयंकर नरक का डर हो गया। मरने पर नरक में जाऊँगी, इसलिए मुझे जीना ही पड़ेगा। किन्तु मैं अकेली हूँ। मैं बारह वर्षों तक किस प्रकार बचूँगी। मैं होश में, बेहोशी में केवल नरक देखती हूँ।"

चन्द्रशेखर ने कहा–"कोई चिंता नहीं–उपवास और मानसिक कष्ट के कारण यह सब हो रहा है। वैद्य लोग इसे वायु रोग कहते हैं। तुम वेदग्राम में जाकर बाहर एक कुटी बनाओ। वहाँ सुन्दरी आकर तुम्हारी देखभाल करेगी, दवा कर सकेगी।"

सहसा शैवलिनी ने आँखे मूँद ली और देखा कि गुफा में सुन्दरी खड़ी होकर, पत्थर में खुदी हुई अँगुली उठाकर खड़ी है। देखा कि सुन्दरी बहुत बड़ी है–धीरे-धीरे ताड़ के वृक्ष के बराबर हो गई, बड़ी डरावनी। देखा, उसी गुफा के भीतर फिर नरक बन गया वही दुर्गन्ध, वही भयानक आग का गर्जन, वही तपन वही ठंडक, वही साँपों का जंगल, उन्हीं घृणित कीड़ों से आकाश में अँधेरा। देखा, उसी नरक में पिशाच काँटों की रस्सी हाथ में लिये, बिच्छुओं की बेंत हाथ में लेकर उतरे और रस्सी से शैवलिनी को बाँधकर बिच्छुओं की बेंत से उसे पीटते हुए ले चले। ताड़ के वृक्ष से लंबी सुन्दरी हाथ उठाकर उनसे कहने लगी–"मारो, मारो! मैंने इसको मना किया था। मैं नाव से लौटाने गई थी, इसने सुना नहीं। मारो, जितना मार सको मारो! मैं इसके पापों की साक्षी हूँ। मारो! मारो!" शैवलिनी हाथ जोड़कर, सिर ऊपर उठाकर, आँखों में आँसू भरकर सुन्दरी से प्रार्थना कर रही है। सुन्दरी सुनती ही नहीं केवल पुकारती है–"मारो! मारो! शैवलिनी फिर उसी प्रकार एकटक आँखें फाड़कर सूखे हुए मुँह से स्तम्भित-सी रह गयी। चन्द्रशेखर चिन्तित हो उठे समझा कि लक्षण अच्छे नहीं हैं। कहा–"शैवलिनी, मेरे साथ आओ।"

पहले शैवलिनी सुन ही न सकी। बाद में चन्द्रशेखर उसके शरीर पर हाथ रखकर दो-तीन बार उसे हिलाकर कहने लगे, पुकारने लगे–"मेरे साथ आओ।"

शैवलिनी सहसा उठ खड़ी हुई और अत्यंत डरी हुई वाणी से कहने लगी–"चलो, चलो, चलो। जल्दी चलो, जल्दी चलो। इस स्थान से शीघ्र चले चलो।" कहते ही बिना विलम्ब किये गुफा के द्वार की ओर दौड़ पड़ी, चन्द्रशेखर की बिना प्रतीक्षा किये, वेग से

चली। वेग से चलने में, धुँधले उजाले में पैर से एक पत्थर टकरा गया; पैर न सँभाल सकने के कारण वह धरती पर गिर पड़ी। कोई शब्द फिर नहीं। चन्द्रशेखर ने देखा कि शैवलिनी फिर मूर्छित हो गई।

चन्द्रशेखर तब उसे गोद में उठाकर, गुफा से बाहर निकलकर, जहाँ पर्वत से एक पतली निर्झरिणी बह रही थी, वहाँ ले आये। मुँह पर जल के छींटे देने और खुले हुए स्थान की स्वच्छन्द वायु लगने से शैवलिनी होश में आकर आँखें खोलीं और कहा–"मैं कहाँ हूँ?"

चन्द्रशेखर ने कहा–"तुम्हें मैं बाहर ले आया हूँ।"

शैवलिनी कांप उठी, फिर डरी। कहा–"तुम कौन हो?" चन्द्रशेखर डर गए। कहा–"क्यों ऐसा करती हो? मैं तो तुम्हारा पति हूँ, पहचान क्यों नहीं सकती हो?"

शैवलिनी 'हा–हा' करती हुई हँस पड़ी, कहा–"मेरे स्वामी स्वर्ण-मूंग, जो गूंजे फूलों के ऊपर।

तू तो आया मुझे काटने, समझ रही पथ भूलकर।

तू लॉरेन्स फास्टर है?"

चन्द्रशेखर ने देखा कि जिस देवी के प्रभाव से यह मानव शरीर सुंदर रहता है, वे शैवलिनी के शरीर को त्यागकर जा रही है और भयंकर उन्माद आकार उसके स्वर्ण-मन्दिर पर अधिकार कर रहा है। चन्द्रशेखर रो पड़े। अत्यंत कोमल स्वर में, बड़े ही आदर के साथ उन्होंने फिर पुकारा–'शैवलिनी!'

शैवलिनी फिर हँसी, कहा–"शैवलिनी कौन? हाँ थी–एक लड़की, उसका नाम था शैवलिनी; और एक लड़का था, उसका नाम था प्रताप। एक दिन रात को लड़का साँप होकर वन में चला गया–लड़की मेढक होकर वन में गई। साँप ने मेढक को निगल लिया। मैं अपनी आँखों से देख रही हूँ। हाँ, तो साहब! तुम क्या लॉरेन्स फास्टर हो?"

चन्द्रशेखर ने रुधे कण्ठ से दीन होकर पुकारा –"गुरुदेव! यह क्या किया? यह क्या किया?"

शैवलिनी ने गीत गाया–"क्या किया, प्राणों की सखी, हृदय का चोर पकड़कर तुमने। वह प्रेम नदी में डूब गया, भर दिए युगल तट तुमने" फिर कहने लगी–"हृदय का चोर कौन? चन्द्रशेखर। पकड़ा किसको? चन्द्रशेखर को। डूबा कौन? चन्द्रशेखर। दोनों किनारे कौन? नहीं जानती। तुम चन्द्रशेखर को पहचानते हो?"

शैवलिनी बाघिन की तरह उछलकर चन्द्रशेखर के गले से लिपट गई–उसके आँसुओं से चन्द्रशेखर की पीठ, गला, छाती, कपड़े, हाथ, सब रोये। शैवलिनी रोती हुई कहने लगी–"मैं तुम्हारे साथ चलूँगी।" कोई बात न कहकर चन्द्रशेखर भी रोने लगें।

चन्द्रशेखर ने कहा–"चलो।"

शै०–"मुझे मारोगे नहीं?"

चन्द्र०–"नहीं।"

लंबी साँस छोड़कर चन्द्रशेखर उठे, शैवलिनी भी उठी। चन्द्रशेखर उदास होकर चले–पगली पीछे-पीछे चली; कभी हँसने लगी–कभी रोने लगी कभी गाने लगी।

पाँचवाँ खण्ड
प्रच्छादन

पहला परिच्छेद

अमियट का परिणाम

अंग्रेजों की सब नावें मुर्शिदाबाद में जा पहुँची। मीर कासिम के नायब मुहम्मद तकी के पास खबर आयी कि अमियट पहुँच गया।

बहुत बड़े समारोह के साथ आकर मुहम्मद तकी अमियट साहब से मिले। अमियट सन्तुष्ट हो गए। अंत में मुहम्मद तकी ने अमियट को अपने यहाँ निमंत्रित किया; संयोग से अमियट ने उसे स्वीकार कर लिया,

लेकिन प्रसन्नता से नहीं। इधर मुहम्मद तकी ने कुछ दूरी पर पहरेदार लगा दिये अंग्रेजों की नाव खुलकर न जाय।

मुहम्मद तकी के चले जाने पर अंग्रेजों ने आपस में सलाह की कि निमंत्रण में जाना ठीक है या नहीं? ग्लस्टन और जॉन्सन ने यह मत प्रकट किया कि डर किसे कहते हैं, इसे अंग्रेज जानते नहीं जानना जरूरी भी नहीं है, इसलिए निमंत्रण में जाना होगा। अमियट ने कहा–"जब इन लोगों के साथ हम लड़ाई करने जा रहे हैं और मनमुटाव जितना हो सकता है, हो चुका, तब इन लोगों के साथ खाना और इनसे संबंध रखना क्यों?" अमियट ने निश्चय किया कि दावत में नहीं जाएँगे।

इधर जिस नाव पर दलनी और कुलसूम कैदी के रूप में सुरक्षित रखी गई थीं, उस नाव पर भी दावत की खबर पहुँची। दलनी और कुलसूम कानों ही कानों बातें करने लगीं। दलनी ने कहा–"कुलसूम! सुन रही है? समझती हूँ, छुटकारा पास ही है।"

कुल०–"क्यों?"

दल०–"तू जैसे कुछ समझती ही नहीं जो लोग नवाब की बेगम को कैद करके लाये हैं, उनको नवाब की ओर से इज्जत के साथ दावत दी गई है इसके भीतर कोई गहरा मतलब है। मैं समझती हूँ कि आज अंग्रेज मरेंगे।"

कु०–"उससे क्या तुम्हें खुशी हो रही है?"

द०–"क्यों नहीं? खू-खराबा न होना ही ठीक है, उनके मरने पर अगर हम छुटकारा पा जाएँ तो मगर जो लोग हमें बिना वजह कैद कर उससे हमें खुशी है ही!"

कु०–"लेकिन छूटने के लिए तुम इतनी परेशान क्यों हो? हमें रोक रखने के अलावा इनकी और कोई चाल नहीं दिखाई पड़ती। हम लोगों पर कोई अत्याचार करते नहीं, सिर्फ रोक लिया है। हम औरतें है–जहाँ जाएँगी, वहीं रोक है.!"

दलनी बहुत नाराज हुई, कहा–"अपने महल में रहने पर ही मैं दलनी बेगम हूँ, अंग्रेजों की नाव पर मैं नौकरानी हूँ। उनके साथ बात करने की ख्वाहिश नहीं होती। हम लोगों को इन्होंने क्यों रोक रखा है बता सकती है?"

कु०–"वह तो कही चुकी हूँ! मुंगेर में जिस तरह के साहब अंग्रेजों के जामिन होकर रोके गए है, उसी तरह हम भी नवाब साहब की जामिन होकर रोकी गई हैं। ये साहब को छोड़ देते हैं, ये लोग हमें छोड़ देंगे। साहब का कुछ बुरा होने पर हमारा भी बुरा होगा। नहीं तो डर क्या है?"

दलनी और भी नाराज हुई, कहा–"मैं तेरे साहब को नहीं पहचानती। तेरे अंग्रेजों की बड़ाई भी सुनना नहीं चाहती। छोड़ देने पर भी मैं समझती हूँ कि तू जाएगी नहीं?"

कुलसूम नाराज हुई, उसने हँसकर कहा–"अगर मैं न जाऊँ तो तुम क्या छोड़ जाओगी मुझे?"

दलनी का गुस्सा बढ़ने लगा। उसने कहा–"तो भी यही ख्वाहिश नहीं है क्या?"

कुलसूम ने गम्भीर भाव से कहा–"तकदीर की बात मैं क्या बतला सकती हूँ?"

दलनी ने भौंहें टेढ़ी करके बड़े जोरों से कील उठायी, किन्तु उसे बिलकुल रोके रही, छोड़ा नहीं।

दलनी ने उसे अपने कान के पास ले जाकर काले केश-गुच्छ को छूता हुआ जो कान था, मानो खिले हुए फूल पर भौरे शोभा पा रहे हैं उसके पास कोमल कली के समान अपनी बँधी हुई मुट्ठी को रोकर कहा–"तुझे अमियट दो दिन बुलाकार क्यों ले गया था? सच्ची बात कह दे!"

कु–"सच बात तो कही रही हूँ? तुम्हें कोई तकलीफ तो नहीं हो रही है, इसी बात को पूछने के लिए। साहब लोगों की ख्वाहिश है कि जितने दिन हम लोग अंग्रेजों की नाव पर रहें, आराम और आजादी से रहें। खुदा करे, अंग्रेज हमें न छोड़ें!"

दलनी ने कील को और ऊँची करके कहा–"खुदा करे, तू जल्दी मरे!"

कु–"अंग्रेजों के छोड़ देने पर हम फिर नवाब के हाथ में पड़ जाएँगी। नवाब तुम्हें चाहें तो माफ कर सकते हैं, लेकिन मुझे नहीं माफ करेंगे यह मैं पक्का समझ रही हूँ। मेरी तबीयत है कि अगर कहीं ठिकाना पाऊँ तो फिर नवाब के हुजूर में हाजिर नहीं होऊँगी।"

दलनी ने गुस्सा छोड़कर प्यार के साथ कहा उन्हीं के कदमों में गिरकर मरूँगी। "मैं और कहीं नहीं जा सकती। मरना होगा तो इधर अमियट ने अपने सिपाहियों से तैयार होने को कहा। जॉन्सन ने कहा–"उस जगह हम लोग उतने बलवान नहीं है। रेजिडेन्सी के पास नाव नहीं ले जा सकते?"

अमियट ने कहा–"जिस दिन एक भी अंग्रेज देशी लोगों के डर से भागा, उसी दिन हिन्दुस्तान में अंग्रेजी हुकूमत कायम करने की उम्मीद भी खत्म हो जाएगी। इस जगह से नाव खुलते ही मुसलमान समझेंगे कि हम लोग डर से भाग गए। खड़े रहकर मरेंगे, वह ठीक भी है; तो भी डर से नहीं भागूँगा। लेकिन फास्टर तकलीफ में है–हाथ में हथियार लेकर नहीं मर सकता, इसलिए उसे रेजिडेन्सी में जाने का हुक्म दे दो। बेगम और दूसरी औरत को उन्हीं की नाव पर चढ़ा दो और दो सिपाहियों को साथ कर दें। झगड़े की जगह उनका रहना जरूरी नहीं है।"

सिपाहियों के तैयार हो जाने पर, अमियट की आज्ञा के अनुसार सब नाव में छिपकर बैठ गए। लड़ाई के बेड़े की नाव में सहज ही छेद होते हैं, हर एक सिपाही एक-एक छेद के पास बन्दूक लेकर बैठ गया। अमियट के हुक्म के मुताबिक दलनी और कुलसूम फास्टर की नाव पर चढ़ीं। दो सिपाही साथ होकर फास्टर की नाव खोलने गये। यह देखकर मुहम्मद तकी के पहरेदार उन्हें खबर देने गये।

यह खबर सुनकर और अंग्रेजों के आने का वक्त बीता हुआ देखकर मुहम्मद तकी ने अग्रेजों को लाने के लिए दूत भेजा। अमियट ने जवाब दिया कि वे किसी खास वजह से नाव छोड़ना नहीं चाहते।

दूत के नाव से उतरने पर कुछ दूर जाकर सीटी की आवाज की, उसी आवाज के साथ किनारे से बन्दूक की दस-बारह आवाजें हुई। अमियट ने देखा कि नाव पर गोलियाँ बरस रही हैं और जगह-जगह नाव के भीतर गोलियाँ घुस रही हैं।

तब अंग्रेज सिपाहियों ने भी जवाब दिया। दोनों तरफ से एक-दूसरे को लक्ष्य करके बन्दूकें छोड़ने की आवाजों से हल्ला मच गया। लेकिन दोनों पक्ष छिपे ही रहे। मुसलमान किनारे के मकानों के भीतर छिपे थे; अंग्रेज और उनके सिपाही नाव में छिपे थे। इस तरह की लड़ाई में बारूद का खर्च होने के अलावा और कोई फल नहीं देखा गया।

तब मुसलमान चिल्लाते हुए हाथ में तलवार और भाला लेकर अंग्रेजों की नाव की ओर दौड़ पड़े। यह देखकर दृढ़-प्रतिज्ञ अंग्रेज भी डरे नहीं। तेजी से उतरते हुए मुसलमानों पर निशाना लगाकर, अमियट, ग्लस्टन और जॉन्सन स्थिर चित्त से, नाव के भीतर अपने हाथों में बन्दूक लेकर अचूक निशाने से एक-एक बार में एक-एक मुसलमान को बालू पर सुलाने लगे।

किन्तु जिस प्रकार लहर पर लहर टकराती है, उसी प्रकार मुसलमानों की कतार पर कतार उतरने लगी। तब अमियट ने कहा–"अब हम लोगों के बचने का कोई उपाय नहीं है। आओ, हम लोग विधर्मियों को मारते-मारते अपनी जान दें।?"

तब तक विधर्मी अमियट की नाव पर चढ़ गए। तीनों अंग्रेजों ने एक होकर एक साथ ही रणनाद किया। त्रिशूल से कटे हुए के समान नाव पर चढ़ी हुई यवनों की कतार छिन्न-भिन्न होकर नाव से पानी में जा पड़ी। कुछ और मुसलमान नाव पर चढ़े और कितने ही मुसलमान मुद्गर आदि लेकर नाव के नीचे चोटें मारने लगे। नाव की निचली सतह टूटने लगी और नाव में कल-कल शब्द के साथ पानी भरने लगा।

अमियट ने साथियों से कहा–"गाय और भेंड़ की तरह डूबकर क्यों मरें? बाहर आओ, वीरों की तरह हाथ में हथियार लेकर मरें।"

तब तलवारे हाथों में लेकर तीनों अंग्रेज निर्भय रूप से उन्हीं अगणित यवनों के सामने आकर खड़े हुए। एक यवन ने अमियट को सलाम करके कहा–"क्यों मरिएगा? हम लोगों के साथ आइए?"

अमियट ने कहा–"मरूँगा। यहाँ आज हम लोगों के मरने से हिन्दुस्तान में वह आग लगेगी, जिससे, मुसलमानी राज्य ढह जाएगा! हम लोगों के खून से जमीन भींगने पर तीसरे जार्ज की राज्य-पताका उस पर सहज ही गड़ जाएगी।"

तो मरो!"–यह कहकर पठान ने तलवार की चोट से अमियट के सिर को चीरकर फेंक दिया।

*यह देखर ग्लस्टन ने बड़ी तेजी से उस पठान का सिर काट डाला।

तब दस-बारह मुसलमान ग्लस्टन को घेरकर उन पर वार करने लगे, और शीघ्र ही बहुत लोगों के वार से घायल होकर ग्लस्टन और जॉन्सन दोनों मरकर उसी नाव पर गिर गए।

उसके पहले ही फास्टर नाव खोल चुका था।

दूसरा परिच्छेद

फिर वही

जब रामचरण की गोली खाकर लॉरेन्स फास्टर गंगा के जल में गिर पड़ा था, तब प्रताप को बजरा खोलकर चले जाने पर हथियारों वाली नाव के माझियों ने जल में कूदकर लॉरेन्स फास्टर की देह को खोजकर उठा लिया था। उसी नाव के पास से ही होकर उसका शरीर बहता जा रहा था। उन्होंने फास्टर को उठाकर नाव में रखने के बाद अमियट को समाचार पहुँचाया था।

अमियट उसी नाव पर आये तो देखा कि फास्टर बेहोश, लेकिन प्राण नहीं निकले हैं। दिमाग के घायल हो जाने से उसे होश नहीं था। फास्टर के मरने की विशेष संभावना थी, किन्तु बचाने पर बच भी सकता था। अमियट डॉक्टरी जानता था, उसने ढंग से दवा करनी शुरू की। बकाउल्ला के बताने के अनुसार वे फास्टर की नाव खोलकर घाट पर ले आये। जब अभियट मुंगेर से चले, तब उसी नाव पर उसे उठाकर ले आये।

फास्टर की उम्र लंबी थी, वह दवा करने पर बच गया और भी उम्र थी कि मुर्शिदाबाद में मुसलमानों के हाथ से बच गया। किन्तु इस समय वह रोगी था, निर्बल था, निस्तेज था, उसमें वह हिम्मत और वह अभिमान नहीं बचा। इस समय वह प्राणों के भय से डरा हुआ था। दिमाग पर आघात होने के कारण उसकी बुद्धि भी कुछ बिगड़ गई थी।

फास्टर तेजी से नाव चला रहा था, फिर भी डर था कि पीछे मुसलमान पीछा कर रहे हैं। पहले वह कासिम बाजार की रेजीडेन्सी में आश्रय लेने की सोच रहा था, फिर उससे डर गया यदि मुसलमान जाकर रेजीडेन्सी पर हमला करे दें तो? इसलिए वह इस विचार को छोड़ दिया। वहाँ पर फास्टर का अनुमान ठीक था। मुसलमानों ने शीघ्र ही कासिम बाजार की रेजीडेन्सी पर हमला करके उसे लूट लिया।

फास्टर तेजी से कासिम बाजार, फरासडाँगा, सैदाबाद, राँगामाटी को छोड़ता गया। फिर भी उसका भय दूर नहीं हुआ। जो भी नाव पीछे से आती थी, वह सोचता था कि मुसलमानों की नाव आ रही है। उसने देखा, एक छोटी नाव ने किसी भी प्रकार उसका साथ नहीं छोड़ा।

फास्टर तब अपने बचाव का उपाय सोचने लगा। बुद्धि भ्रान्त होने से तरह-तरह की बातें मन में आने लगीं। एक बार मन में आया कि नाव छोड़कर किनारे जाकर भाग जाएँ। फिर सोचा, भाग नहीं सकूँगा–मेरे पास वह शक्ति नहीं है। फिर सोचा, पानी में डूबकर बचूँगा कैसे? फिर सोचा कि इन दोनों औरतों को पानी में फेंककर नाव हल्की करूँ तब नाव और तेज़ी से जाएगी।

सहसा उसे एक दुर्बुद्धि उत्पन्न हुई। इन्हीं औरतों के लिए मुसलमान पीछा कर रहे हैं–उसको यह पक्का विश्वास हो गया। दलनी नवाब की बेगम है, यह उसने सुना था। मन में सोचा, बेगम के लिए ही मुसलमानों ने नाव पर हमला किया है। इसलिए बेगम को छोड़ देने पर और कोई गड़बड़ी नहीं होगी। उसने निश्चय किया कि दलनी को उतार दूँगा।

उसने दलनी से कहा–"यह एक छोटी नाव हमारे पीछे-पीछे आ रही है, देख रही हो?"

दलनी ने कहा–"देख रही हूँ।"

फा०–"वह तुम्हारे आदमियों की नाव है तुम्हें छुड़ाने के लिए आ रही है।" इस प्रकार मन में सोचने का कोई कारण था? कुछ भी नहीं। केवल फास्टर की बिगड़ी हुई बुद्धि ही इसका कारण थी। उसने रस्सी में साँप देखा। अगर दलनी विचार करके देखती तो इस बात पर सन्देह करती। किन्तु जो जिसके लिए व्याकुल होता है, वह उसका नाम सुनते ही मुग्ध हो जाता है–आशा में अन्धा होकर कुछ विचार नहीं करता। दलनी ने आशा में मुग्ध होकर उसकी बात पर विश्वास कर लिया और कहा–"तब क्यों नहीं हमें इस नाव पर चढ़ा देते? तुम्हें बहुत रुपये दूँगी।"

फा०–"मैं वह नहीं कर सकता। वे मेरी नाव को पकड़ पाने पर मुझे मार कर फेंक देंगे।"

द०–"मैं मना कर दूँगी।"

फा०–"तुम्हारी बात वे नहीं सुनेंगे। तुम्हारे देश के आदमी औरतों की बात नहीं मानते।"

तब दलनी ने व्याकुल होकर ज्ञान खो दिया बुरा-भला सोचकर नहीं देखा। यदि यह निजामत की नाव न हो, तब क्या होगा इसे नहीं सोचा। यह नाव निजामत की नहीं है, यह उसके मन में ही नहीं आया। व्याकुलता के कारण उसने अपने को विपत्ति में डाल दिया था। कहा उतारकर तुम चले जाओ! यह बात फास्टर ने खुशी से मान लिया और नाव को किनारे लगाने का हुक्म दिया।

कुलसूम ने कहा–"मैं नहीं उतरूँगी। मैं अगर नवाब के हाथ में पड़ गई तो तकदीर में क्या लिखा है, कह नहीं सकती। मैं साहव के साथ कलकत्ता जाऊँगी। वहाँ मेरे जानने-सुनने वाले लोग हैं।"

दलनी ने कहा–"तेरी कोई फिक्र नहीं है। अगर मैं बच गई तो तुझे बचा लूँगी।" कु०–"तुम खुद बचोगी तब तो?"

कुलसूम किसी तरह उतरने को राजी नहीं हुई। दलनी ने उससे बड़ी आरजू की उसने कुछ भी नहीं सुना।

फास्टर ने कुलसूम से कहा–"कौन जाने, अगर तुम्हारे लिए नाव पीछे-पीछे आवे तो? तुम भी उनरो!"

कुसूम ने कहा–"अगर मुझे छोड़ोगे तो मैं उस नाव पर चढ़कर जिससे वे नाव वाले तुम्हारे साथ न छोड़ें वही करूँगी।"

फास्टर ने डरकर और कुछ नहीं कहा दलनी कुलसूम के लिए आँसू बहाती हुई नाव से उतर गई। फास्टर नाव खोलकर चला गया। तब सूर्य के डूबने में थोड़ी ही देर थी।

फास्टर की नाव धीरे-धीरे आँखों से ओझल हो गई। जिस छोटी नाव को निजामत की नाव समझकर फास्टर ने दलनी को उतार दिया था, वह भी पास आ गई। प्रतिक्षण दलनी अपने मन में सोच रही थी कि नाव उसे लेने के लिए अब किनारे लगेगी किन्तु वह किनारे न लगी। तब यह सोचकर कि वे उसे देख पा रहे हैं या नहीं वह अपना आँचल ऊपर उठाकर हिलाने लगी। तो भी नवा नहीं लौटी; दूर चली गई। तब जैसे बिजली चमक उठे, वैसे ही दलनी चमक उठी यह नाव निजामत की है, यह मैंने कैसे तय कर लिया? दूसरे की नाव भी हो सकती है। तब दलनी पागल की भाँति जोरों से उस नाव के माझियों को पुकारने लगी। इस नाव में सवारी नहीं होगी। यह कहकर वे चले गए।

दलनी के सिर पर मानो बिजली गिर पड़ी। फास्टर की नाव तब आँखों से ओझल हो चुकी थी, तो भी वह किनारे-किनारे दौड़ी उन्हें पकड़ सकूँगी यही सोचकर वह किनारे-किनारे दौड़ चली। लेकिन बहुत दूर दौड़कर भी, नाव पकड़ न सकी। पहले शाम हो गई थी, अब अँधेरा हो गया। गंगा पर और कुछ दिखाई नहीं पड़ता था। अँधेरे में सिर्फ बरसात के नये जल की धारा की कल-कल ध्वनि सुनाई पड़ने लगी।

तब हताश होकर दलनी उखड़े हुए छोटे वृक्ष की भाँति वहीं बैठ गई। क्षण भर के बाद दलनी ने सोचा कि इस गंगा के किनारे बैठने से कोई फायदा नहीं है, इसलिए वह धीरे-धीरे ऊपर की

ओर चली। अँधेरे में जाने की राह नहीं दिखाई पड़ती थी। दो-एक बार गिरकर फिर उठी उठकर धीमे तारों को उजाले में चारों ओर ध्यान से देखा। देखा कि कहीं किसी ओर गाँव का निशान तक नहीं है अपार मैदान है, और है वही कल-कल नाद करने वाली नदी। आदमी की तो बात ही नहीं किसी ओर दीपक का प्रकाश तक नहीं है।

गाँव नहीं दिखाई पड़ता, वृक्ष नहीं दिखाई पड़ता, राह नहीं दिखाई पड़ती, स्यार और कुत्तों को छोड़कर कोई जानवर नहीं दिखाई पड़ते–कल-कल नाद करने वाली नदी की धारा में तारे नाच रहे हैं, यही दिखाई पड़ता था? दलनी ने मरने का निश्चय किया।

वहीं निर्जन मैदान में, नदी से थोड़ी ही दूर दलनी बैठ गई। पास ही झिल्लियों की झंकार होने लगी, स्यार चिल्लाने लगे। धीरे-धीरे रात गहरी हो उठी, अँधेरा क्रम से और भी भयानक हो गया। रात के दूसरे पहर में दलनी ने बहुत ही डरकर देखा, उसी निर्जन मैदान में एक आदमी घूम रहा है। वह लम्बे डील-डौल का आदमी बिना बोले दलनी के पास आकर बैठ गया।

फिर वही! वह लम्बा आदमी शैवलिनी को उठाकर धीरे-धीरे अँधेरे पर्वत पर चढ़ गया था।

तीसरा परिच्छेद

नाच-गान

मुंगेर में सर्वश्रेष्ठ अट्टालिका पर स्वरूपचन्द और महताबचन्द नाम के दो भाई निवास करते थे। वहाँ आधी रात में हजारों दीपक जल रहा था। वहीं संगमरमर से बने हु मण्डप में नर्तकी के हीरे-जड़े गहनों से उन दीपकों का प्रकाश टकराता था। पानी में पा है और चमक होती है। दीपक की किरणें उज्ज्वल पत्थर के खम्भे में, उज्ज्वल सोने अ हुए मसनद में, चमकीले हीरों से जड़े गंध-पात्र में, सेठों के गले में झूलते हुए मोटे अ मोतियों के कठे में, नर्तकी की कलाई, गले, केश और कानों के गहनों में चमक र साथ मधुर गीत के शब्द आकर उज्ज्वल और मधुर आपस में मिल जाते हैं। ज आकाश में चन्द्रमा निकला हो, तब उजले और मधुर मिल जाते हैं। जब सुन्द नीले कमल-नयनों से बिजली-सा चपल कटाक्ष निकलता है, तब उज्ज्वल जाते हैं। जब नीले सरोवर में सोती हुई कमलिनी के दल बाल सूर्य की सुनह जाते हैं नीले जल की छोटी-छोटी लहरियों के ऊपर सूर्य की लंबी किरणें गि

पड़ी हुई बूँदों को चमकाकर, जलचारी पक्षियों के अधुर कण्ठों को मुखरित करके, जल-कमल के होठों को खोलकर देखने जाती है, तब उज्ज्वल और मधुर मिल जाते हैं: और जब तुम्हारी गृहिणी के चरण-कमल में डायमण्ड-कट नूपुर लोटता है, तब उज्ज्वल और मधुर एक हो जाते हैं जब संध्या समय आकाश में सूर्य का डूबता हुआ तेज देखकर नीलिमा उसे पकड़ने के लिए पीछे दौड़ती है, तब उज्ज्वल और मधुर मिल जाते हैं। और जब तुम्हारी गृहिणी अपना कनफूल हिलाती हुई, गालियाँ देती हुई तुम्हारे पीछे दौड़ती है, तब भी उज्ज्वल और मधुर मिल जाते हैं। जब चन्द्र-किरणों से प्रकाशित गंगाजल में हवा के थपेड़े से फेमिल तरंगें उठकर चन्द्रमा के प्रकाश से चमकती है, तब उज्ज्वल और मधुर मिल जाते हैं, और जब धधकती हुई शैम्पेन* की लहरें स्फटिक के प्याले में चमकती रहती हैं, तब उज्ज्वल और मधुर एक में मिल जाते हैं। ब चाँदनी रात से दक्षिण पवन मिलता है, तब उज्ज्वल और मधुर एक हो जाते हैं। जब सन्देश ाइयों से भरे फलाहार के बर्तन में रजत मुद्रा (रुपये) दक्षिणा में मिलते हैं, तब उज्ज्वल और ोनों एक हो जाते हैं। जब प्रात:कालीन सूर्य की किरणों से उन्मत्त होकर वसन्त का कोकिल तब उज्ज्वल और मधुर एक में मिल जाते हैं और जब दीपों की माला के प्रकाश में आभूषणों से सुसज्जित होकर रमणी गीत गाती है, तब दोनों उज्ज्वल और मधुर ल जाते हैं।

मधुर तो मिल गए किन्तु सेठों के हृदय में उनका कुछ भी नहीं मिल पाया। या गुरगन खाँ।

समय युद्ध की आग धधक रही थी। कलकत्ता की आज्ञा पाने के पहले ने पटना के किले पर आक्रमण कर दिया था। पहले उन्होंने किले पर मुसलमानों की फौज ने पहुँचकर, पटना में रहने वाली मुसलमान फिर से मीर कासिम के कब्जे में ले लिया था। पटना के एलिस में पकड़कर मुंगेर में कैदी बनाकर लाए गए। सेठों के साथ र रहे थे। नाच-गान तो एक बहाना भर था जगतसेठ या सब लोग जो करते हैं, वही वे भी कर रहे थे। सुनने के है?

ोचा कि जब दोनों पक्ष लड़-झगड़कर कमजो हो न के शासक बन बैठेंगे। किन्तु उस इच्छा को री फौज उन्हीं के कब्जे में रहे। फौजें बिना

धन इकट्ठा होगी नहीं, इसलिए सेठों के साथ सलाह-मशविरा करना गुरगन खाँ के लिए बहुत जरूरी था।

इस ओर कासिम अली खाँ भी अच्छी तरह जानते थे कि जिस पक्ष को ये दोनों धन-कुबेर मदद देंगे, वही पक्ष जीतेगा। जगतसेठ मन-ही-मन उनका अहित चाहते थे, यह भी वे जानते थे। क्योंकि उन्होंने भी उनके

साथ अच्छा बर्ताव नहीं किया था सन्देहवश उनको मुंगेर में कैदी बनाकर रखा गया था। वे मौका हाथ आते ही दुश्मन के साथ मिल जाएँगे, यही सोचकर वे उनको किले में कैद करने की कोशिश कर रहे थे। सेठ यह बात जानते थे। अब तक उन्होंने डर से मीर कासिम के विरुद्ध कोई कार्य नहीं किया था; किन्तु अब बचने का कोई उपाय न देखकर गुरगन खाँ के साथ मिल गए। दोनों का उद्देश्य था–मीर कासिम का नाश।

किन्तु बिना किसी कारण के जगतसेठों के साथ गुरगन खाँ का मिलना-जुलना देखकर नवाब सुलहा कर सकते हैं, यही सोचकर जगतसेठों ने यह उत्सव रचकर गुरगन खाँ और दूसरे राजाओं, अमात्यों आदि को निमंत्रित किया था।

गुरगन खाँ नवाब की आज्ञा लेकर आए थे और दूसरे वजीरों से अलग बैठे थे। जगतसेठ जिस तरह औरों के पास जाकर बात करते थे, उसी तरह गुरगन खाँ के पास भी अधिक देर रुकते नहीं थे।

लेकिन बातचीत इस तरह होती थी कि दूसरे न सुन सकें। बातचीत इस प्रकार चल रही थी–गुरगन खाँ कह रहे थे–"आप लोगों के साथ मिलकर मैं एक कोठी खोलूँगा; आप लोग हिस्सेदार होना मंजूर करते हैं?"

महताबचन्द–"किसलिए?"

गु०–"मुंगेर की बड़ी कोठी बंद करने के लिए।"

महताब–"मंजूर है! इस तरह का एक नया कारबार बिना शुरू किये हम लोग भी और दूसरा कोई उपाय नहीं देखते।"

गुरगन०–"अगर आप लोगों को मंजूर है तो रुपयों का इन्तजाम आप लोगों को करना होगा मैं शरीर से ही मेहनत करूँगा।"

इसी समय मनिया बाई ने आकर खयाल गाया सुनकर महताब ने हँसकर कहा–"किसे कहतीं है? गा, हम लोग राजी हैं–हम लोगों का मूलधन सूद आने के बिना ही वापस हो जाना चाहिए, कोई हानि नहीं है।"

इसी तरह एक और बाई जी केदार, हम्मीर, छायानट आदि राग छेड़ने लगीं; और इधर गुरगन खाँ और जगतसेठ रुपए, नुकसान, दर्शनी आदि तुच्छ बातों में अपनी-अपनी सलाह देने लगे। बातचीत तै हो जानें पर गुरगन खाँ कहने लगे–"एक नया व्यापारी कोठी खोल रहा है, कुछ सुना है?"

मह०–"नहीं। देशी है या विलायती?"

गुर०–"देशी।"

मह०–"कहाँ?"

गुर०–"मुंगेर से मुर्शिदाबाद तक सभी जगहों पर। जहाँ पहाड़, जंगल और मैदान हैं, वहीं उसकी कोठियाँ खुल रही हैं।"

मह०–"धनी कितना है?"

गुर०–"अभी बहुत धनी नहीं है। किन्तु क्या है, कुछ कहा नहीं जा सकता।"

मह०–"किसके साथ उसका लेन-देन है?"

गु०–"मुंगेर की बड़ी कोठी के साथ।"

मह०–"हिन्दू है या मुसलमान?"

गु०–"हिन्दू।"

मह०–"नाम क्या है?"

गु०–"प्रताप सलाह।"

मह०–"घर कहाँ है?"

गु०–"मुर्शिदाबाद के पास।"

मह०–"नाम सुना है। वह तो मामूली आदमी है।"

गु०–"बहुत भयानक आदमी है।"

मह०–"क्यों वह हठात् ऐसा कर रहा है?"

गु०–"कलकत्ता की बड़ी कोठी पर नाराज है।"

मह०–"उसे हाथ में करना होगा वह किसके वश में है?"

गु०–"वह क्यों इस कार्य में लगा यह बिना जाने कुछ कहा नहीं जा सकता। अगर रुपये के लालच से तनख्वाह लेकर कार्य शुरू करें, तब उसे खरीदते कितनी देर लगेगी? रुपए, ताल्लुक-मुल्क भी दे सकता हूँ। मगर भीतर अगर कुछ और ही हो तो?"

महo–"और क्या हो सकता है? क्या वह प्रताप सलाह इतना पागल है?"

बाई जी उस समय गा रही थीं–"गोरे-गोरे मुख पर बेसर सोहे।"

महताबचन्द ने कहा–"वह क्या? किसका गोरा मुख?"

चौथा परिच्छेद

क्या किया दलनी ने?

महाकाव्य पुरुष दलनी के पास जाकर बैठ गया। दलनी रो रही थी डरकर उसने रोना बंद कर दिया, बिना हिले-डुले बैठी रही। आगन्तुक पुरुष भी चुप रहा।

जब यह घटना हो रही थी, उसी समय दूसरी जगह दलनी का एक दूसरा सर्वनाश उपस्थित था।

मुहम्मद तकी को गुप्त आज्ञा थी कि अंग्रेजों की नाव से दलनी बेगम को कब्जे में करके मुंगेर भेज दो। मुहम्मद तकी ने सोचा था कि अंग्रेजों के कैदी होने पर या मर जाने पर बेगम अपने आप ही हाथ में आ जाएँगी, इसलिए नौकरों को बेगम के बारे में कुछ खास तौर से समझाना जरूरी नहीं समझा था।

बाद में जब मुहम्मद तकी ने देखा कि मरे हुए अंग्रेजों की नाव पर बेगम नहीं है, तब उन्होंने समझा कि भारी आफत आ पड़ी। उनकी ढिलाई या कार्यवाही पर नाराज होकर नवाब क्या तूफान खड़ा करेंगे, यह भी कहा नहीं जा सकता। इस डर से उसने हिम्मत करके नवाब को धोखा देने का उपाय सोचा। जनश्रुति के अनुसार उस समय सुना जाता था कि लड़ाई शुरू होते ही अंग्रेज मीरजाफर को कैद से छोड़कर फिर गद्दी पर बैठा देंगे–अगर अंग्रेज लड़ाई में जीतेगा तब। अगर मीर कासिम इस धोखे को जान जाएगा तो भी कोई नुकसान नहीं होगा; अंत में बच जाने पर बहुत फायदा होगा। और अगर मीर कासिम जीत गये, तब वे जिस भी तरह यहाँ की सच्ची बात न जान सकें, ऐसी तरकीब की जा सकती है। अचानक कोई सख्त हुक्म न आ जाय। इस प्रकार की धोखे की कार्रवाई करके तकी उसी रात को नवाब के पास झूठी बातों से भरी हुई एक अर्जी भेज रहे थे।

मुहम्मद तकी ने नवाब को लिखा–"बेगम को अमियट की नाव पर पाया गया है। तकी ने उसे लाकर किले में इज्जत के साथ रखा है, लेकिन बिना किसी हुक्म के उसे हुजूर में हाजिर करने में मजबूर है। अंग्रेजों के साथी खानसामा, माझी, सिपाही वगैरह जितने लोग

जिंदा है, उन सब के मुँह से सुना है कि बेगम अमियट की रखैल होकर नाव में रह रही थीं दोनों एक ही बिस्तर पर सोते थे। बेगम खुद इस बात को मंजूर कर रही हैं। उन्होंने इस वक्त क्रिश्चियन धर्म अख्तियार कर लिया है। वे मुंगेर जाना नहीं चाहतीं, कहती हैं–"मुझे छोड़ दो। मैं कलकत्ता जाकर अमियट के दोस्तों के साथ रहूँगी। अगर मुंगेर भेजोगे तो खुदखुशी कर लूँगी। ऐसी हालत में उन्हें मुंगेर भेजें या यहीं रखें या छोड़ दें, इसी बारे में हुक्म का इन्तजार कर रहा हूँ। हुक्म मिलते पर उसी के मुताबिक कार्य करूँगा।" तकी ने इसी भाव का खत लिखा।

घुड़सवार दूत उसी रात को खत लेकर मुंगेर चल दिया।

कोई-कोई विद्वान कहते हैं कि दूर कहीं होने वाली अज्ञात अशुभ घटना भी हमारा मन जान जाता है। यह बात सच है या नहीं। लेकिन जिस समय घुड़सवार दूत खत लेकर मुंगेर चला, उसी समय दलनी का शरीर रोमांचित हो उठा। उसी समय उसके पास बैठे हुए पुरुष ने पहली बात आरंभ की। उसके गले की आवाज हो या अशुभ की सूचना हो, जिससे भी हो, दलनी का शरीर कंटकित हो उठा।

पासवाले पुरुष ने कहा–"मैं तुम्हें पहचानता हूँ, तुम दलनी बेगम हो।"

दलनी सिहर उठी।

पास के पुरुष ने फिर कहा–"जानता हूँ कि तुम इस सुनसान जगह में दुष्ट के द्वारा छोड़ दी गई हो।"

दलनी की आँखों की धार फिर वह चली। आगन्तुक ने कहा–"इस समय तुम कहाँ जाओगी?"

सहसा दलनी का भय दूर हो गया। भय के नाश होने का विशेष कारण दलनी को मिल गया था। दलनी ने कहा–"जाऊँगी कहाँ? मेरे जाने की कोई जगह नहीं है। एक जगह जाने की है, लेकिन वह बहुत दूर है। कौन मुझे वहाँ ले जाएगा।"

आगन्तुक ने कहा–"तुम नवाब के पास जाने का मोह छोड़ो।"

दलनी ने उत्कण्ठित और उत्सुक होकर कहा–"क्यों?""अमंगल होगा।"

दलनी सिहर उठी–"होवे! उसके अलावा मेरे लिए और कोई जगह नहीं है। दूसरी जगह मंगल होने के बजाए स्वामी के पास अमंगल होना ही ठीक है।"

"तो उठो! मैं तुम्हें मुर्शिदाबाद में मुहम्मद तकी के पास रख आता हूँ। मुहम्मद तकी तुम्हें नवाब के पास भेज देंगे। लेकिन मेरी बात सुनो! इस समय लड़ाई शुरू हो गई है। नवाब अपने नहरे के लोगों को सहिदास के किले में भेजने का इन्तजाम कर रहे हैं। तुम वहाँ मत जाना!

मेरी तकदीर में जो भी हो, "मैं जाऊँगी।"

"तुम्हारी तकदीर में मुंगेर देखना नहीं है।"

दलनी चिंता में पड़ गई। कहा–"आगे की कौन जानता है। चलिए, आपके साथ मुर्शिदाबाद जाऊँगी। जब तक जान है, नवाब को देखने की उम्मीद नहीं छोड़ूँगी।"

आगन्तुक ने कहा–"वो तो जानता हूँ। आओ!"

दोनों आदमी अंधकार में मुर्शिदाबाद चले। दलनीरूपी पतंगा ने आग के मुख को देखना चाहा था।

छठा खण्ड

सिद्धि

पहला परिच्छेद

पूर्व कथा

जो बात पहले नहीं कहा, उसे अब संक्षेप में कहूँगा। चन्द्रशेखर ही पहले वर्णित ब्रह्मचारी थे, वह मालूम हो गया है।

जिस दिन फास्टर के साथ अमियट मुंगेर से चले, उसी दिन खोज करके स्वामी रामानंद ने जान लिया कि फास्टर और दलनी बेगम आदि अमियट के साथ गये हैं। उन्होंने गंगा के किनारे चन्द्रशेखर को देखा। उन्होंने चन्द्रशेखर को यह बात बताई, और कहा–"यहाँ तुम्हारे रहने का क्या प्रयोजन है। कुछ भी नहीं! तुम अपने देश जाओ। शैवलिनी को मैं काशी भेजूँगा। तुमने जो परोपकार का व्रत अपनाया है, आज से उसे आरंभ कर दो। यह यवन-कन्या धर्म-पसलाहण है, इस समय विपत्ति में पड़ गई है, तुम इसके पीछे जाओ जो भी कर सको, इसका उद्धार करना। प्रताप भी तुम्हारा आत्मीय और उपकारी है; तुम्हारे ही लिए वह दुर्दशाग्रस्त हो गया है, उसे इस समय छोड़ नहीं सकोगे। उन सबका पीछा करो!" चन्द्रशेखर ने नवाब को खबर देना चाहा, रामानंद स्वामी ने मना कर दिया कहा–"मैं वहाँ संवाद भेज दूँगा।"

चन्द्रशेखर ने गुरु की आज्ञा से एक छोटी नाव ले ली और अमियट का पीछा करने लगे। स्वामी रामानंद भी शैवलिनी को काशी भेजने के लिए योग्य शिष्यों की खोज करने लगे। तब उन्हें अकस्मात मालूम हुआ कि शैवलिनी अलग एक नाव लेकर अमियट का पीछा कर रही है। रामानंद स्वामी विषय शंक में पड़ गए यह पापिनी किसका पीछा करने में लग गई? फास्टर का या चन्द्रशेखर का? स्वामी रामानंद ने सोचा–"समझता हूँ कि चन्द्रशेखर के लिए मुझे फिर सांसारिक कार्यों में लिप्त होना पड़ा।" यही सोचकर वे भी उसी रास्ते से चल पड़े।

स्वामी रामानंद पैदल ही देश और विदेश का भ्रमण कर चुके है–उच्च कोटि के परिव्राजक हैं। वे किनारे के रास्ते पैदल शीघ्र ही शैवलिनी को पीछे छोड़ आये, विशेषकर वे आहार-निद्रा के वशीभूत नहीं थे, अभ्यास द्वारा उन्होंने सबको जीत लिया था। क्रम से आकर उन्होंने चन्द्रशेखर को पकड़ लिया। चन्द्रशेखर ने नदी किनारे स्वामी रामानंद को देखकर पास आकर उन्हें प्रणाम किया।

स्वामी रामानंद ने कहा–"एक बार नवद्वीप में अध्यापकों के साथ वार्तालाप करने के लिए बंग-देश जाने की अभिलाषा है चलो तुम्हारे साथ चलूँ।" यह कहकर स्वामी जी चन्द्रशेखर की नाव पर चढ़ गए। अंग्रेजों की नावें देखकर वे अपनी छोटी नाव एकान्त में रखकर किनारे चले गए। देखा, शैवलिनी की नाव आकर भी निर्जन में है। वे दोनों आदमी किनारे छिपकर सब देखने लगे। देखा कि प्रताप और शैवलिनी तैरकर भागे। देखा, वे फिर नाव पर चढ़कर भागे। तब वे भी नाव पर चढ़कर उनके पीछे हो गए। उनकी नौका किनारे लगती देख उन्होंने भी अपनी नाव कुछ दूरी पर लगा दी। स्वामी रामानंद अनंत बुद्धिशाली थे उन्होंने चन्द्रशेखर से कहा–"तैरते समय प्रताप और शैवलिनी में क्या बातचीत हो रही थी, तुम कुछ सुन पाए थे?"

चन्द्र०–"नहीं।"

रा०–"तो आज रात में सोना मत उन दोनों पर दृष्टि रखो।" दोनों जागते रहे। देखा, रात की अंतिम घड़ी में शैवलिनी नाव से उठकर चली गई, बाद में किनारे के वन में जाकर अदृश्य हो गई। सबेरा हुआ, फिर भी

लौटी नहीं। तब स्वामी रामानंद ने चन्द्रशेखर से कहा–"कुछ समझ नहीं पाता हूँ, इसके मन में क्या है? चलो, उसका पीछा करें।"

तब दोनों ने सतर्कता के साथ उसका पीछा किया। संध्या समय बादलों के घटा को देखकर स्वामी रामानंद ने कहा–"तुम्हारी भुजाओं में कितना बल है?"

चन्द्रशेखर ने हँसकर एक बड़ा पत्थर एक हाथ में लेकर दूर फेंक दिया।

स्वामी रामानंद ने कहा–"बहुत ठीक! शैवलिनी के पास जाकर छिपकर बैठे रहो। शैवलिनी अभी आने वाली आँधी में सहायता नहीं पाएगी तो स्त्री-हत्या होगी। पास ही एक गुफा है, मैं उसका रास्ता जानता हूँ। मैं जब कहूँगा, तब शैवलिनी को गोद में उठाकर मेरे पीछे-पीछे आना।"

चन्द्रशेखर–"अभी घनघोर अंधकार हो जाएगा। रास्ता किस प्रकार देखूँगा?"

रा०–"मैं पास ही रहूँगा। मैं अपने दण्ड का अगला सिरा तुम्हारे हाथ में दूँगा, दूसरा भाग मेरे हाथ में रहेगा।"

शैवलिनी को गुफा में रखकर चन्द्रशेखर के बाहर आने पर स्वामी रामानंद ने मन-ही-मन सोचा–"मैं इतने दिनों सभी शास्त्रों का अध्ययन किया, सब प्रकार के आदमियों से बातें की, किन्तु सब व्यर्थ! इस लड़की के मन की बात न जान सका। इस समुद्र की क्या थाह नहीं है?" यह सोचकर चन्द्रशेखर से कहा–"पास में ही एक पहाड़ी मठ है, वहीं जाकर आज विश्राम करो। शैवलिनी के लिए सारे कर्तव्य पूरे होने पर, तुम फिर उस यवनी का पीछा करोगे। मन में समक्षना कि परहित के अतिरिक्त तुम्हारा दूसरा कोई व्रत नहीं है। शैवलिनी के लिए चिंता मत करना, मैं इसी स्थान पर रहता हूँ! किन्तु तुम मेरी आज्ञा के बिना शैवलिनी से मत मिलना। यदि तुम मेरे मत के अनुसार कार्य करो तो शैवलिनी का बहुत बड़ा उपकार हो सकता है।"

इस बात पर चन्द्रशेखर विदा हुए। उसके बाद स्वामी रामानंद अँधेरे में छिपकर गुफा में बैठे

उसके बाद जो हुआ, पाठक वह सब जानते हैं।

उन्मादग्रस्त शैवलिनी को चन्द्रशेखर उसी मठ में स्वामी रामानंद के पास ले गए। रोते हुए कहा–"गुरुदेव! यह क्या किया?"

स्वामी रामानंद ने शैवलिनी की दशा बड़े ध्यान से देखकर कुछ हँसते हुए कहा–"अच्छा ही हुआ, चिंता मत करना! तुम इस जगह दो-एक दिन विश्राम करो। बाद में इसे साथ लेकर अपने देश को चले जाओ। जिस घर में यह रहती थी, उसी घर में इसको रखना। जो इसके साथी थे, उन सबको सर्वदा इसके पास रहने का अनुरोध करना वहाँ बीच-बीच में आने को कहना। मैं भी जाता हूँ।"

गुरु की आज्ञा के अनुसार चन्द्रशेखर शैवलिनी को घर ले आये।

दूसरा परिच्छेद

हुक्म

अंग्रेजों के साथ युद्ध हो गया और मीर कासिम की अवनति आरंभ हो गई। मीर कासिम पहले ही कटिहार के युद्ध में हार गए थे। उसके बाद गुरगन खाँ का विश्वासघात प्रकट होने लगा। नवाब को जो भरोसा था, वह खत्म हो गया। इसी समय नवाब की बुद्धि बिगड़ने लगी, उन्होंने कैदी अंग्रेजों को मारने का विचार किया, और भी सबके प्रति बुरा व्यवहार करने लगे। इसी समय मुहम्मद तकी का भेजा हुआ दलनी का समाचार पहुँचा तो जलती हुई अग्नि में घी पड़ गया। अंग्रेज अविश्वासी हो गए है–सेनापति अविश्वासी मालूम पड़ता है–राजलक्ष्मी विश्वासघातिनी हुई फिर

दलनी भी विश्वासघातिनी हो गयी? और सहा नहीं गया। मीर कासिम ने मुहम्मद तकी को हुक्म लिख दिया–"दलनी को यहाँ भेजने की जरूरत नहीं है। उसे वहीं जहर खिलाकर मार डालना!"

मुहम्मद तकी अपने हाथ में विष का प्याला लेकर दलनी के पास गया। मुहम्मद तकी को अपने पास आता देखकर दलनी आश्चर्य में पड़ गई। गुस्से में आकर बोली–"यह क्या, खाँ साहब, मुझे बेइज्जत क्यों कर रहे हैं?"

मुहम्मद तकी ने माथे पर हाथ पीटते हुए कहा–"तकदीर! नवाब आप पर नाराज हैं।" दलनी ने हँसते हुए कहा–"आपसे किसने कहा?" मुहम्मद तकी ने कहा–"भरोसा नहीं करतीं तो परवाना देखिए।"

दलनी–"तब आप परवाना पढ़ नहीं सके।"

मुहम्मद तकी ने दलनी को नवाब की मुहर लगा हुआ परवाना पढ़ने को दिया। दलनी ने पढ़कर उसे दूर फेंक दिया और कहा–"यह जाल है! मेरे साथ यह छिपाव क्यों? मरूँगी, इसलिए?"

द०–"ओ हो! तुम्हारा कुछ मतलब है। तुम जाली परवाना लेकर मुझे डराने आये हो?"

तकी–"तो सुनिए! मैंने नवाब को लिख दिया कि आप अमियट की नाव पर उसकी रखैल बनकर रहती थी, इसीलिए यह हुक्म आया है।"

सुनते ही दलनी की भौहें तन गई। स्थिर जलवाली ललाट-गंगा में लहरें उठी–भौंह रूपी धनुष पर चिंता की प्रत्यंचा चढ़ गई–मुहम्मद तकी ने प्रमाद समझा। दलनी ने कहा–"तुमने क्यों यह लिखा था?" मुहम्मद तकी ने आदि से अंत तक सब कुछ सुना दिया।

तब दलनी ने कहा–"देखें, परवाना फिर देखें।"

तकी ने कागज फिर दलनी के हाथ में दिया। दलनी ने ध्यान से देखा–"ठीक है, जाली नहीं है। जहर कहाँ है?"

जहर कहाँ है"–सुनकर मुहम्मद तकी ताज्जुब में पड़ गया। कहा–"जहर क्यों?"

द०–"परवाने में क्या हुक्म है?"

तकी–"आपको जहर पिलाने के लिए।"

द०–"तब जहर कहाँ है?"

त०–"आप जहर पीएँगी क्या?"

द०–"मेरे राजा का हुक्म है, मैं उसे क्यों नहीं पूरा करूँगी?"

मुहम्मद तकी दिल में शर्म से मर गया। कहा–"जो हुआ सो हुआ! आपको जहर नहीं पीना होगा। मैं इसका उपाय करूँगा।"

दलनी की आँखों से क्रोध में चिनगारियाँ निकलने लगीं। वही छोटी-सी देह उँची करके खड़ी होकर कहा–"जो तुम्हारे जैसे पापी से प्राणों की भीख ले, वह तुम से भी बड़ा पापी है जहर लाओ!

मुहम्मद तकी दलनी को देखने लगा। सुन्दरी युवती सब अंगों से यौवन की वर्षा से रूप की नदी भरकर उत्तरा रही है, भरे हुए वसंत में सारे अंगों की कलियाँ खिल उठी है–वसंत और वर्षा दोनों एक में मिल गए। जिसे देखती है, वही दुःख से फट जाता है, लेकिन मुझे देखकर कितना सुख होता है। खुदा! तुमने दुःख को

इतना खूबसूरत क्यों बनाया? वह जो आफत की मारी लड़की है आँधी से सताया हुआ खिला फूल लहरों से टकराती हुई खेल की नाव इसे लेकर क्या करूँगा? कहाँ रखूँगा? शैतान ने आकर तकी के कानों में धीरे से कहा–"दिल के अन्दर।"

तकी ने कहा–"सुनो, सुन्दरी! मुझे अपनाओ, तुम्हें जहर नहीं खाना होगा।"

यह सुनते ही दलनी ने–तकी को लात मारी।

मुहम्मद तकी से जहर नहीं दिया गया वह दलनी की ओर टेढ़ी आँखों से देखता हुआ धीरे-धीरे चला गया। तब दलनी धरती पर लोटकर रोने लगी ओ शाहंशाह! ओ बादशाहों के बादशाह! इस गरीब लड़की को क्या हुक्म दिया है। जहर खाऊँगी? तुमने हुक्म दिया है त खाऊँगी क्यों नहीं? तुमसे इज्जत पाना ही मेरे लिए अमृत है और तुम्हारा गुस्सा ही मेरे लिए ज है। जब तुमने गुस्सा किया है तब मैंने जहर पी लिया है। इससे बढ़कर क्या जहर में तकलीफ ह है? हे शाहंशाह! दुनिया के उजाले अनाथों के भरोसा! जहाँपनाह! खुदा के नुमाइन्दे! रह समुन्दर! कहाँ रह गए हो। मैं तुम्हारे हुक्म से हँसती-हँसती जहर पी लूँगी। मगर तुमने खड़े देखा नहीं, यह मुझे अफसोस है।

करीमन नाम की एक बाँदी दलनी बेगम की सेवा में राखी गई थी उसे बुलाकर अपने बचे हुए जेवरों को उसके हाथों में दे दिया और कहा–"छिपकर हकीम के पा ऐसी दवा ला दो, जिसे खाकर ऐसी नींद आ जाए कि वह फिर न टूटे। कीमत ये गहने देना; जो बच जाय, उसे तुम ले लेना।"

करीमन दलनी की आँसू से भरी आँखों को देखकर समझ गई। पहले तो वह दलनी ने उसे बार-बार बढ़ावा दिया। अंत में मूर्ख औरत धन के लोभ से राजी

हकीम ने दवा दी, और आकर मुहम्मद तकी को खुफिया तरीके से खबर दी बाँदी आज अभी हकीम मिर्जा हबीब के यहाँ से जहर खरीदकर लाई है।"

मुहम्मद तकी ने करीमन को पकड़ा। करीमन ने स्वीकार किया, कहा—"जहर दलनी बेगम को दिया है।"

सुनकर मुहम्मद तकी दलनी के पास आये। देखा कि दलनी आसन पर ऊपर की ओर मुँह किये, नवर ऊपर बाँध हाथ जोड़कर बैठी है, खुले हुए कमल-दल के समान आँखों से जल की धारा-पर-धारा की झड़ी बहती हुई आकर कपड़ों पर पड़ रही है सामने खाली प्याला पड़ा है। दलनी ने जहर पी लिया है।

तकी ने पूछा—"यह प्याला किस चीज का पड़ा है?"

दलनी ने कहा—"वह जहर है। मैं तुम्हारी तरह नमकहराम नहीं हूँ। अपने मालिक का हुक्म मान रही हूँ। तुम्हें चाहिए कि बचा हुआ जहर पीकर मेरे साथ आओ!"

मुहम्मद तकी चुपचाप खड़ा रहा। दलनी धीरे-धीरे सो गई। उसकी आँखें मुंद गई, सभी जगह अँधेरा हो गया। दलनी चली गई।

तीसरा परिच्छेद

सम्राट और विराट

...पेम की फौज कटिहार में लड़ाई के मैदान से हारकर पीछे हटकर आ रही थी। ...रने पर मैदान में फिर टूटा फिर यवन-सेना अंग्रेजों के बाहुबल से उसी प्रकार ...जैस हवा के सामने धूल की ढेरी तितर-बितर हो जाती है। नष्ट होने से बची ...ें आकर शरण ली। वहीं चारों ओर से खाई खोदकर यवन अंग्रेजी सेना ...

...हुँच गए। उनके आने पर सैयद अमीर हसन ने बताया कि एक ...ही उतावला हो रहा है। उसकी कोई खास आरजू है। हुजूर के ...नहीं। मीर कासिम ने पूछा—"कौन है वह?"

...त है जो कलकत्ता से आयी है। वारेन हेस्टिंग्स ने खत ...कैदी नहीं है। लड़ाई के पहले का खत होने से उसे ले

लिया है। अगर गलती हुई हो तो गुलाम हाजिर है!" यह कहकर अमीर हसन ने वह खत पढ़कर नवाब को सुनाया।

वारेन हेस्टिंग्स ने लिखा था–"यह औरत कौन है, यह मैं नहीं जानता। उसने बहुत कातर होकर मेरे पास आकर बिनती की है कि कलकत्ता में इसका कोई मदद नहीं करता है। अगर मैं दया करके नवाब के पास इसे भेज दूँ, तभी यह बच सकेगी। आपके साथ हम लोगों की लड़ाई होने वाली है। लेकिन हमारी जाति औरतों के साथ लड़ाई नहीं करती। इसीलिए इसे आपके पास भेज दिया। भला या बुरा मैं कुछ जानता नहीं।"

नवाब ने खत को सुनकर औरत को सामने लाने की इजाजत दी। सैयद अमीर कासिम बाहर जाकर उस औरत को साथ लेकर आये। नवाब ने देखा कुलसूम थी।

नवाब ने नाराज होकर कहा–"तू क्या चाहती है, बाँदी? मरेगी?"

कुलसूम ने नवाब की ओर एकटक देखते हुए कहा–"नवाब! आपकी बेगम कहाँ है? दलनी बीबी कहाँ हैं?"

अमीर हसन कुलसूम की बातचीत का ढंग देखकर डर गया और नवाब को सलाम करके वहाँ से चला गया।

मीर कासिम ने कहा–"जहाँ वह पापिनी है, वहीं तू भी जल्दी ही जाएगी।"

कुलसूम ने कहा–"मैं भी और आप भी! इसीलिए आपके पास आयी हूँ। रास्तें में सुना, लोग कह रहे है कि दलनी बेगम खुदखुशी करके मर गई। यह सच है क्या?"

नवाब–"खुदखुशी? शाही हुक्म से वह मरी है। तू उसके पाप के कामों में मदद देती रही है–तू कुत्तों से कटवायी जाएगी।"

कुलसूम पछाड़ खाकर करुण स्वरों में रोने लगी और जो भी मुँह में आया, नवाब को गाली देना शुरू किया। सुनकर चारों ओर से सिपाही, उमराव, नौकर, रक्षक आ पहुँचे। एक आदमी कुलसूम का झोंटा पकड़कर उठाने गया, नवाब ने मना कर दिया तो वे हैरत में पड़ गये।

तब कुलसूम कहने लगी–"आप सब लोग आ गए हैं, अच्छा हुआ है। मैं एक अजीब कहानी सुनाऊँगी, सुनिए? मुझे अभी कत्ल कर देने का हुक्म होगा। मेरे मर जाने पर कोई उसे सुन न सकेगा, इसी वक्त सुनिए।"

"सुनिए, सूबे-बंगाल और बिहार के एक बेवकूफ नवाब हैं। दलनी नाम की उनकी एक बेगम थी। वह नवाब के सिपहसालार गुरगन खाँ की बहन थी।

सुनकर फिर कोई कुलसूम को मारने नहीं दौड़ा, सभी आपस में एक-दूसरे का मुख देखने लगे–सबका कुतूहल बढ़ने लगा। नवाब ने भी कुछ नहीं कहा। कुलसुम कहने लगी–"गुरगन खाँ और दौलतुन्निसा, इस्फहान से सलाह करके रोजी की तलाश में बंगाल आये है। दलनी जब मीर कासिम के महल में बाँदी बनकर गयी, तब दोनों ने एक-दूसरे की भलाई के लिए वादा किया।"

इसके बाद कुलसूम ने, जिस रात को वह दलनी के साथ गुरगन खाँ के पास गयी थी, उसका पूरा-पूरा विस्तार के साथ वर्णन किया। गुरगन खाँ के साथ दलनी की जो बातें हुई थीं, उसे वह दलनी से सुन चुकी थी उसे भी कहा। उसके बाद लौटना और महल में जाने की मनाही, ब्रह्मचारी की मदद, प्रताप के घर में रहना, शैवलिनी के धोखे से दलनी का हरण, नाव में कैद होना, अमियट वगैरह का मरना, फास्टर के साथ उन सबका भागना, अंत में फास्टर द्वारा दलनी को गंगा के किनारे छोड़ना, यह सब कहकर अंत में कहने लगी–"मेरे कंधे पर शैतान उसी वक्त सवार था, इसमें शक नहीं। नहीं तो मैं वैसे वक्त बेगम को छोड़ती क्यों? मगर उसके लायक सजा मैंने पा ली बेगम को पीछे छोड़ते ही मैंने फास्टर को राजी कर लिया था कि मुझे भी उतार दो लेकिन उसने उतारा नहीं। कलकत्ता में जाकर जिसे ही देखा, उसी को राजी किया कि मुझे मुंगेर भेज दो किसी ने कुछ नहीं कहा। सुना कि हेस्टिंग्स साहब बड़े दयालु हैं–उनके पास जाकर रोती हुई मैंने उनके पाँव पकड़ लिये उन्हीं की मेहरबानी से यहाँ आ सकी हूँ। तुम लोग अब मुझे मारने का उपाय करो मुझे अब जीने की ख्वाहिश नहीं है।"

यह कहकर कुलसुम रोने लगी।

सैकड़ों हीरे-जवाहरात की किरणों से मण्डित बहुमूल्य सिंहासन पर बैठकर बंगाल के नवाब मुँह नीचे किये हुए हैं। इस बड़े साम्राज्य का राज-दण्ड उनके हाथ से गिरा जा रहा है–बहुत यत्न करने पर भी तो वह रह न सका। किन्तु जो अजेय राज्य बिना यत्न किये भी रहता, वह कहाँ गया? उन्होंने फूल छोड़कर काँटे को बचाने का उपाय किया है–कुलसूम ने सच ही कहा है–बंगाल के नवाब बेबकूफ है!

नवाब ने उमरावों को सम्बोधित करते हुए कहा–"तुम लोग सुनो, यह हुकूमत मुझसे नहीं बचायी जा सकती। तुम लोग कर सको तो इसको बचाओ मैं तो चला। मैं रोहतास के किले में औरतों के बीच में छिपा रहूँगा या तो फकीर हो जाऊँगा।" कहते-कहते नवाब का मजबूत शरीर उसी तरह काँपने लगा, जिस तरह पानी की धारा में लगाया हुआ बाँस काँपता है। आँखों के आँसू को रोककर नवाब कहने लगे–"सुनो माइयों! अगर अंग्रेज या उनके सिपाही मुझे सिराजुद्दौला की तरह मार डालें तो मैं तुमसे यही भीख माँगता हूँ कि उसी दलनी के कब्र के पास मेरी कब्र बनाना। और ज्यादा बातें मैं कर नहीं पा रहा हूँ–अब जाओ। मगर तुम लोग मेरा एक हुक्म मानो मैं उस तकी-खाँ को एक बार देखूँगा–अली इब्राहिम खाँ!"

इब्राहिम खाँ ने जवाब दिया। नवाब ने कहा–"तुम्हारी तरह का भाई मेरा इस दुनिया में दूसरा कोई नहीं है। तुमसे मेरी यही भीख है–तकी खाँ को मेरे पास लेकर आओ!"

इब्राहिम खाँ सलाम करके तम्बू के बाहर जाकर घोड़े पर चढ़ गए। तब नवाब ने कहा–"कोई मेरी भलाई कर सकता है?"

सबने हाथ जोड़कर हुक्म पाना चाहा। नवाब ने कहा–"कोई उस फास्टर को ला सकता है?"

अमीर हसन ने कहा–"वह कहाँ है, मैं उसकी तलाश करने कलकत्ता चला।"

नवाब ने सोचकर कहा–उसे कोई ला सकता है? "और उस शैवलिनी को?"

मुहम्मद इरफान ने हाथ जोड़कर आग्रह किया–"जरूर अब तक वह अपने गाँव में आ गई होगी; मैं उसे लेकर आता हूँ।"

यह कहकर मुहम्मद इरफान बिदा हुए। उसके बाद नवाब ने कहा–"जिस ब्रह्मचारी ने बेगम को मुंगेर में पनाह दी थी, उसका कोई पता लगा सकता है?"

मुहम्मद इरफान ने कहा मुंगेर जा सकता हूँ। "हुक्म पाने पर शैवलिनी की तलाश के बाद मैं ब्रह्मचारी के लिए जाऊँगा। अंत में नवाब ने कहा–"गुरगन खाँ कितनी दूर है?"

वजीरों ने कहा–"सुना है कि वे फौज लेकर उदयनाला पर आ रहे हैं, लेकिन अब तक पहुँचे भी नहीं है।"

नवाब धीरे-धीरे कहने लगे–"फौज! किसकी फौज?" एक आदमी ने धीरे से कहा–"उन्हीं की।"

वजीर लोग चले गए। तब नवाब रत्न-सिंहासन को छोड़कर खड़े हो गए, हीरों से जड़ा हुआ साफा दूर फेंक दिया, मोतियों का हार गले से तोड़कर फेंक दिया–रत्नों से जड़ी हुई पोशाक शरीर से दूर कर दीं। तब नवाब जमीन पर लोटकर–"दलनी! दलनी!" कहकर रोने लगे।

इस संसार में नवाबी इसी प्रकार की होती है।

चौथा परिच्छेद

जॉन स्यालकार्ट

पहले परिच्छेद में मालूम हो चुका है कि कुलसूम से वारेन हेस्टिंग्स की भेंट हुई थी। कुलसूम ने अपनी कहानी विस्तार के साथ सुनाते हुए फास्टर के सभी कामों का विशेष रूप से परिचय दिया।

इतिहास में वारेन हेस्टिंग्स दूसरों को सताने वाले कहे गए हैं। जो कर्मठ लोग होते हैं, वे अपने कर्तव्य के अनुसार कभी-कभी दूसरों को सताने वाले भी हो जाते हैं। जिनके ऊपर राज्य की रक्षा का भार है, वे स्वयं दयालु और न्यायी होने पर भी राज्य की रक्षा के लिए दूसरों को सताने को बाध्य हो जाते हैं। जहाँ दो-एक आदमियों पर अत्यचार करने से सारे राज्य का भला होता है, वहाँ वे सोचते हैं कि वह अत्याचार करना उनका कर्तव्य है। वस्तुतः जो वारेन हेस्टिंग्स के समान साम्राज्य स्थापित करने में समर्थ हैं, वे दयालु और न्यायी नहीं हैं–ऐसा नहीं हो सकता। जिनके स्वभाव में दया और न्यायपरता नहीं है, उनसे साम्राज्यस्थापन आदि महान कार्य नहीं हो सकते, क्योकि उनका स्वभाव ऊँचा नहीं, नीचा होता है। ये सब क्षुद्र विचार वालों के कार्य नहीं है।

वारेन हेस्टिंग्स न्यायी और दयालु थे। तब वे गवर्नर नहीं हुए थे। कुलसूम को विदा करके वे फास्टर की खोज में लग गए। देखा कि फास्टर पीड़ित है। उन्होंने पहले उसकी दवा करायी। फास्टर उच्च कोटि के डॉक्टर की दवा से शीघ्र ही स्वस्थ हो गया।

उसके बाद उसके अपराधों की खोज में लग गए। डरकर फास्टर ने उनके सामने अपराध स्वीकार कर लिया। वारेन हेस्टिंग्स ने कौंसिल में प्रस्ताव उपस्थित करके फास्टर को पदच्युत कर दिया। हेस्टिंग्स की इच्छा थी कि फास्टर को अदालत में पेश करें। लेकिन गवाहों का कुछ पता नहीं और फास्टर ने भी अपने कार्य का बहुत फल पा लिया है, यही सोचकर यह विचार त्याग दिया।

फास्टर ने उसे समझा नहीं। फास्टर अत्यंत नीच प्रकृति का था। उसने मन में सोचा कि उसके छोटे-से अपराध का बहुत बड़ा दण्ड मिला है। वह नीच स्वभाव का था; अपराधी नौकरों के स्वभावानुसार अपने पहले के मालिकों के प्रति बहुत क्रुद्ध हो उठा। उनसे बदला चुकाने का उसने निश्चय कर लिया।

डाइस सम्बर नाम के एक जर्मन या स्विस मीर कासिम की सेना में सैनिक कार्य में लगाये गए थे। यह व्यक्ति समरू नाम से प्रसिद्ध था। उदयनाला के यवन शिविर में समरू सेना लेकर उपस्थित था। फास्टर उदयनाला में उसके पास आया। उसने पहले चालाकी से समरू के पास एक दूत भेजा। समरू ने मन में सोचा कि इसके द्वारा अंग्रेजों की गुप्त मंत्रणाएँ सब जान सकूँगा। समरू ने फास्टर को अपना लिया। फास्टर ने अपना नाम छिपाकर जॉन स्यालकार्ट के नाम से अपना परिचय देकर समरू के शिविर में प्रवेश किया। जब अमीर हसन फास्टर की खोज में नियुक्त हुआ, तब फास्टर समरू के खेमे में था।

अमीर हसन कुलसूम् को उचित स्थान पर रखकर फास्टर की खोज में निकले। नौकरों से सुना कि एक आश्चर्य की बात हो गयी है–एक अंग्रेज आकर मुसलमानों की सेना में भर्ती हुआ है और वह समरू के शिविर में है। अमीर हसन समरू के खेमे में गये।

जब अमीर हसन ने समरू के खेमें में प्रवेश किया, तब समरू और फास्टर एक ही जगह बातचीत कर रहे थे। अमीर हसन के बैठ जाने पर समरू ने उनसे फास्टर का परिचय जॉन स्यालकार्ट के नाम से दिया। अमीर हसन ने जॉन स्यालकार्ट से बातें करना शुरू किया।

अमीर हसन ने अन्य बातों के बाद स्यालकार्ट से पूछा–"लॉरेन्स फास्टर नाम के एक अंग्रेज को आप जानते हैं?" फास्टर का मुँह लाल हो गया। उसने जमीन की ओर आँखें करके कुछ बिगड़े स्वर में कहा–"लॉरेन्स फास्टर? नहीं तो।"

अमीर हसन ने फिर पूछा–"कभी उसका नाम सुना है?"

फास्टर ने कुछ देर बाद कहा–नहीं। नाम लॉरेन्स फास्टर हाँ तो?"

अमीर हसन ने कुछ नहीं कहा, दूसरी बातें करने लगे। किन्तु देखा कि स्यालकार्ट अब अच्छी तरह बातें नहीं कर रहा है। दो-एक बार उठकर जाना भी चाहता था। अमीर हसन ने आग्रह करके उसे बैठाया। अमीर हसन के मन में विचार उठ रहा था कि यह फास्टर की बात जानता है, मगर बताता नहीं है।

फास्टर कुछ देर बाद अपनी टोपी लेकर सिर पर हाथ रखकर बैठा। अमीर हसन जानते थे कि यह अंग्रेजों के नियम के विरुद्ध कार्य है। और जब फास्टर लगाने जा रहा था, तब उसके केश-शुन्य सिरपर नजर पड़ी जहाँ चोट लगने का निशान था। क्या स्यालकार्ट ने चोट का निशान छिपाने के लिए टोपी लगायी थी?

अमीर हसन वहाँ से विदा हुए। अपने खेमे में आकर कुलसूम को बुलाया और उससे कहा–"मेरे साथ आओ" कुलसूम उनके साथ गई।

कुलसूम को साथ लेकर अमीर हसन फिर समरू के खेमें में गये। कुलसुम बाहर ही रही। फास्टर उस समय भी समरू के तम्बू में बैठा था। अमीर हसन ने समरू से कहाँ–"अगर आपकी इजाजत हो तो मेरी एक बाँदी आकर आपको सलाम करे। खास कार्य है।"

समरू ने आज्ञा दे दी। फास्टर का दिल काँप उठा, वह उठ खड़ा हुआ। अमीर हसन ने हँसकर उसका हाथ पकड़कर बैठाया और कुलसूम को बुलाया। कुलसूम आयी तो फास्टर को देखकर ठगी-सी खड़ी रह गई।

अमीर हसन ने कुलसूम से पूछा–"यह कौन है? कुलसूम ने कहा–"लॉरेन्स फास्टर!"

अमीर हसन ने फास्टर का हाथ पकड़ लिया। फास्टर ने कहा–"मैने क्या किया है?"

अमीर हसन ने उसकी बात का जवाब न देकर समरू से कहा–"साहब! इनकी गिरफ्तारी के लिए नवाब नाजिम का हुक्म है। आप मेरे साथ सिपाही दीजिए जो इसे लेकर चलें।"

समरू आश्चर्य में पड़ गया, पूछा–"क्या बात है?"

अमीर हसन ने कहा–"बाद में बताऊँगा।"

समरू ने साथ में पहरेदार दे दिये। अमीर हसन फास्टर को बाँधकर ले गया।

पाँचवाँ परिच्छेद

फिर वेदग्राम में

चन्द्रशेखर बहुत कष्ट से शैवलिनी को अपने घर में ले आये थे।

बहुत दिनों के बाद फिर वे अपने घर में बैठे। देखा कि वह घर उस समय जंगल से भी अधिक भंयकर हो उठा है। छत पर कुछ भी प्राय: नहीं है, शायद आँधी में उड़ गयी है अथवा कहीं उठा ले जाई गई है। आँगन में घना जंगल हो गया है, साँप उसमें निर्भय होकर घूमते हैं। घर के सभी किवाड़ों को चोर खोलकर निकाल ले गए हैं। घर खुला पड़ा है–घर में कोई सामान नहीं है, बहुत कुछ चोर उठा ले गए हैं और कुछ सुन्दरी ने ले जाकर अपने घर में रख दिया है। पानी बरसने से घर में पानी भर गया है, कहीं सूख गया है और कही गंदला हो रहा है। चमगादड, चूहे, मकड़े जगह-जगह घूम रहे हैं। चन्द्रशेखर शैवलिनी का हाथ पकड़कर उसी घर में बैठें।

देखा कि इसी जगह खड़े होकर उन्होंने सभी पुस्तकें जला दी थी। चन्द्रशेखर ने पुकारा–"शैवलिनी!"

शैवलिनी ने कुछ कहा नहीं घर के द्वार पर बैठकर वह कनेर की ओर देख रही थी। चन्द्रशेखर ने जितनी बातें कही उसने किसी का उत्तर नहीं दिया। आँखें फाड़कर वह चारों ओर देख रही थी, कभी धीरे-धीरे हँसती थी एक बार स्पष्ट रूप से हँसकर उँगली से कुछ दिखाया।

इधर गाँव में खबर उड़ गई कि चन्द्रशेखर शैवलिनी को लेकर आ गये। बहुत से लोग देखने आ रहे थे। सुन्दरी सबसे पहले आयी।

सुन्दरी ने शैवलिनी के पागलपन की दशा की कुछ बात सुनी नहीं थी। पहले आकर उसने चन्द्रशेखर को प्रणाम किया। देखा, चन्द्रशेखर का ब्रह्मचारी वेश। शैवलिनी की ओर देखकर कहा–"भैया, इसको ले आए अच्छा किया। प्रायश्चित करना ही होगा!" किन्तु सुन्दरी यह देखकर आश्चर्य में पड़ गई कि चन्द्रशेखर हैं तो भी शैवलिनी वहाँ से हटी नहीं, घूँघट भी नहीं निकाला, बल्कि सुन्दरी की ओर देखकर खिलखिलाती हुई हँसने लगी। सुन्दरी ने सोचा–"समझती हूँ कि

अंग्रेजी धर्म को शैवलिनी अंग्रेज के साथ रहकर सीख आयी है।" यही सोचकर वह शैवलिनी के पास जाकर बैठ गई–कुछ दूर ही रही, कपड़े से कपड़ा नहीं छुआया। हँसकर शैवलिनी से कहा–"क्यों री! पहचान पाती है?"

शैवलिनी ने कहा–"पहचानती हूँ, तू पार्वती है।"

सुन्दरी ने कहा–"मरना और क्या है, तीन दिनों में ही भूल गई?"

शैवलिनी ने कहा–"भूलूँगी क्यों तुम वही हो जिसने मेरे भात को छू दिया था, इसलिए मैने मारकर तुझे लस्त-पस्त कर दिया था। पार्वती दीदी, एक गीत गाओ न!'

"मेरे मन की बात देखो, वही है वही,
मेरे श्याम के बाएँ, वह कौन रही?
मेरे बादल की गोद में, कौन है चन्दा
मैं फेंक रही हूँ, देखो प्रेम का फन्दा!"

कुछ ठीक गाती हूँ कि नहीं पार्वती दीदी! कौन जैसे नहीं, कौन मानो था, वह मानो नहीं–कौन जैसे आवेगा–कौन मानो आता नहीं कहाँ से मानो आ रही हूँ, वहाँ जैसे आयी नहीं किसे मानो खोजती हूँ, उसे जैसे पहचानती नहीं हूँ।

सुन्दरी चकित हो गई–चन्द्रशेखर के मुख की ओर देखा, चन्द्रशेखर ने सुन्दरी को पास बुलाया। सुन्दरी के पास आ जाने पर उसके कान में कहा–"पागल हो गई है।"

तब सुन्दरी ने समझा। कुछ देर चुप हो गई। उसकी आँखें पहले जल-जल सी हुई, फिर आँखों के कोने भीगे-भीगे हो उठे, फिर उनसे कुछ बूंदें गिरी सुन्दरी रोने लगी। स्त्री-जाति ही संसार का रत्न है। इसी सुन्दरी ने एक दिन तन-मन-वाणी से प्रार्थन की थी कि शैवलिनी नाव के साथ डूबकर मर जाए। आज शैवलिनी के लिए सुन्दरी के समान कोई दु:खी नहीं है।

सुन्दरी आकर धीरे-धीरे आँखों के आँसू पोंछती हुई शैवलिनी के पास बैठ गई और धीरे-धीरे बातें करने लगी–धीरे-धीरे पहले की बातें याद दिलाने लगी। शैवलिनी कुछ भी याद न कर पाई। शैवलिनी की स्मृति का लोप घटता नहीं–ऐसा होने पर पार्वती नाम क्यों याद आता? किन्तु सच्ची बात याद नहीं आती थी, बिगड़कर उल्टी-ही-उल्टी होकर याद पड़ती थी। सुन्दरी मन में थी, लेकिन सुन्दरी को वह पहचान न पाती थी।

सुन्दरी ने पहले चन्द्रशेखर को नहाने-खाने के लिए अपने घर भेज दिया; फिर वह उस टूटे हुए घर को चन्द्रशेखर के रहने योग्य बनाने में लग गई। सभी जरूरी सामान लाकर रखे जाने लगे।

इधर प्रताप मुंगेर से लौटकर, अपने सभी लठैतों को उचित स्थान पर रखकर एक बार घर आये थे। घर आकर सुना कि चन्द्रशेखर घर लौट आये हैं। जल्दी से उन्हें देखने वेदग्राम चले आये।

उसी दिन स्वामी रामानंद ने भी वहाँ आकर पहले ही दर्शन दिया। प्रसन्नता के साथ सुन्दरी ने यह समाचार सुना कि स्वामी रामानंद के उपदेश के अनुसार चन्द्रशेखर दवा देंगे। दवा देने का शुभलग्न निश्चित हो गया।

छठा परिच्छेद

योगबल

दवा क्या था, यह तो नहीं कह सकता, लेकिन इसका सेवन करने के लिए चन्द्रशेखर विशेष रूप से आत्म-शुद्धि करके आये थे। वे सहज ही जितेन्द्रिय थे, भूख-प्यास आदि सब शारीरिक धर्मों को भी उन्होंने वश में कर लिया था। किन्तु इस समय उसके अलावा कठोर अनशन व्रत करके वे आये थे। मन को कई दिनों से ईश्वर के ध्यान में लगाए रखा था—परमार्थिक चिन्तन को छोड़कर और कोई विचार उसके मन में स्थान नहीं पाता था।

निश्चत समय पर औषधि प्रयोग करने के लिए वे तैयारी करने लगे। शैवलिनी के लिए उन्होंने बिस्तर बिछाने को कहा; सुन्दरी ने जिस नौकरानी को रख दिया था, उसने बिस्तर बिछा दिया।

चन्द्रशेखर ने तब उसी बिस्तर पर शैवलिनी को सुलाने के लिए कहा। सुन्दरी ने शैवलिनी को जबरदस्ती उस पर लेटाया शैवलिनी आसानी से कोई बात नहीं मानती थी। सुन्दरी घर जाकर स्नान करेगी—वह रोज ऐसा करती थी।

तब चन्द्रशेखर ने सबसे कहा—“तुम लोग एक बर बाहर चले जाओ। मेरे बुलाते ही चले अना!”

सबके बाहर चले जाने पर चन्द्रशेखर ने हाथ की दवा का बर्तन जमीन पर रख दिया और शैवलिनी से कहा—“उठकर बैठो, देखें।”

शैवलिनी धीरे-धीरे गीत गाने लगी, उठी नहीं। चन्द्रशेखर स्थिर दृष्टि से उसकी आँखों की ओर देखकर धीरे-धीरे बर्तन से ले-लेकर उसे दवा पिलाने लगे। स्वामी रामानंद ने कहा था—“दवा और कुछ नहीं है, सिर्फ कमण्डल का जल ही है।” चन्द्रशेखर ने पूछा—“लड़की इससे योग बल प्राप्त करेगी।” “इससे क्या होगा?” स्वामीजी ने कहा था।

तब चन्द्रशेखर उसके ललाट, आँख आदि के पास तरह-तरह से टेढ़े-मेढ़े हाथ घुमाकर उसे झाड़ने लगे। इसी प्रकार कुछ देर करते-करते शैवलिनी की आँखें मुंद गई, शीघ्र ही वह ढुलक गई और गहरी नीद में सो गई।

चन्द्रशेखर ने पुकारा–"शैवलिनी!"

शैवलिनी नींद की ही दशा में बोली–"कहिए!"

चन्द्रशेखर ने कहा–"मैं कौन हूँ?"

पहले की भाँति नींद में ही शैवलिनी ने कहा–"मेरे स्वामी!"

चन्द्र०–"तुम कौन हो?"

शै०–"मैं शैवलिनी हूँ।"

चन्द्र०–"यह कौन स्थान है?"

शै०–"बंदग्राम, आपका घर?"

चन्द्र०–"बाहर कौन-कौन है?"

शै०–"प्रताप और सुन्दरी तथा दूसरे लोग।"

चन्द्र०–"तुम यहाँ से गई क्यों थी?"

शै०–"फास्टर ले गया था।"

चन्द्र०–"ये सब बातें इतने दिनों तुम्हें याद क्यों नहीं आई?"

शै०–"याद थी, ठीक से कह नहीं सकती थी।"

चन्द्र०–"क्यों?"

शै०–"मैं पागल हो गई थी।"

चन्द्र०–"मन में या धोखा दे रही हो?"

शै०–"सचमुच ही, धोखा नहीं दे रही थी।"

चन्द्र०–"तो इस समय।"

शै०–"इस समय यह सपना है, आपके गुण से जान पा लिया है।"

चन्द्र०–"सब बात बता सकोगी।"

शै०–"बताऊँगी।"

चन्द्र०–"तुम फास्टर के साथ गयी क्यों?"

शै०–"प्रताप के लिए।"

चंद्रशेखर चौक पड़े हजार आँखों से पीछे की सभी घटनाओं पर भली-भाँति दृष्टि दौड़ान लागे।

पूछा–"प्रताप क्या तुम्हारा प्यार है।"

शै०–"छि: छि:!"

चन्द्र०–"फिर।"

शै०–"एक ही डाली के हम दो फूल थे। एक ही बाग में खिले थे तुमने तोड़कर हमें अलग क्यों किया था।

चन्द्रशेखर ने बड़ी लंबी साँस छोड़ी। उनकी अपार बुद्धि से कुछ छिपा नहीं रहा। उन्होंने पूछा–"जिस दिन प्रताप नाव में भागा था, उस दिन का तैरना याद है?"

शै०–"याद है।"

चन्द्र०–"क्या-क्या बात हुई थी?"

शैवलिनी ने संक्षेप में सब बाता दिया। सुनकर चन्द्रशेखर ने प्रताप की मन-ही-मन बहुत प्रशंसा की। फिर पूछा "नाव में तुम फास्टर के साथ रही क्यों।"

शै०–"सिर्फ रही। शायद पुरन्दरपुर जाकर प्रताप को पा जाऊँ, इसी आशा में!"

चन्द्र०–"सिर्फ रही तो क्या तुम पवित्र हो?"

शै–"प्रताप को मन-ही-मन आत्म-समर्पण कर दिया था, इसीलिए मैं पवित्र नहीं हूँ–महापापिनी हूँ!"

चन्द्र०–"नहीं तो।"

शै०–"नहीं तो पूर्ण रूप से सती हूँ।"

चन्द्र०–"फास्टर के संबंध में।"

शै०–"शरीर-मन और वाणी से (पवित्र हूँ)।"

चन्द्रशेखर ने कड़ी दृष्टि करके हाथ चलाकर कहा–"सच बताओ!" सोयी हुई युवती ने भौंहे तान ली, कहा–"सच ही कहती हूँ।"

चन्द्रशेखर ने फिर निःश्वास छोड़ा, कहा–"तो ब्राह्मण की लड़की होकर जातिभ्रष्ट होने क्यों गई?"

शै०–"आप सब शास्त्रों को जानते हैं। कहिए, मैं जाति-भ्रष्टा हूँ या नहीं? मैंने उसका अन्न खाया नहीं–उसका छुआ हुआ पानी नहीं पीया। रोज अपने हाथ से भोजन बनाकर खाती थी, हिन्दू नौकरानी नाव में एक जरूर रहते थे।"

चन्द्रशेखर मुँह नीचे करके बैठ गए। बहुत सोचा, फिर कहने लगे–"मैं स्त्री-हत्या करने जा रहा था। "हाय, हाय! क्या कुकर्म किया मैंने। कुछ देर बाद पूछा–"ये सब बातें किसी से कहीं क्यों नहीं?"

शै०–"मेरी बातों पर विश्वास कौन करेगा?"

चन्द्र०–"ये सब बातें कौन जानता है?"

शै०–"फास्टर और पार्वती।"

चन्द्र०–"पार्वती कहाँ है?"

शै०–"एक महीना हुआ, मुंगेर में मर गई।"

चन्द्र०–"फास्टर कहाँ है?"

शै०–"उदयनाला के नवाब के खेमे में।"

चन्द्रशेखर ने कुछ देर सोचकर फिर पूछा–"तुम्हारा रोना किस तरह मिटेगा जान सकती हो?"

शै०–अपना योगबल आपने मुझे दिया है उसी की कृपा से जान सकती हूँ,आपके श्री-चरणों की कृपा से, आपकी दवा से नीरोग हो जाऊँगी।"

चन्द्र०–"नीरोग हो जाने पर कहाँ जाना चाहती हो?"

शै०–"अगर विष पाऊँ तो खा लूँ, लेकिन नरक का भय लगता है।"

चन्द्र०–"मरना क्यों चाहती हो?"

शै०–"इस संसार में मेरे लिए स्थान कहाँ है?"

चन्द्र०–"क्यों, मेरे घर।"

शै०–"आप अब मुझे स्वीकार करेंगे?"

चन्द्र०–"यदि करूँ?"

शै०–"तो मैं शरीर और मन से आपके चरणों की सेवा करूँगी। किन्तु आप पर कलंक लगेगा।"

इसी समय दूर पर घोड़े की टाप सुनाई पड़ी। चन्द्रशेखर ने पूछा–"मेरा अपना योगबल नहीं है स्वामी रामानंद का योगबल पाया है। बताओ, वह किसके पैरों की आवाज है?"

शै०–"घोड़े के पैरों की आवाज है?"

चन्द्र०–"कौन जा रहा है?"

शै०–"मुहम्मद इरफान–"नवाब मुझे देखना चाहते हैं।"

चन्द्र०–"फास्टर के वहाँ जाने के बाद तुम्हें देखना चाहा है या उसके पहले?"

शै०–"नहीं। दोनों आदमियों को लाने का एक ही समय हुक्म दिया है।"

चन्द्र०–कोई चिंता नहीं, सो जाओ।

यह कहकर चन्द्रशेखर ने सबको बुलाया। उन सबके आ जाने पर उनसे कहा–"यह सो रही है। नींद टूटने पर इस बर्तन में रखी हुई दवा पिलाना। इस समय नवाब का सिपाही आ रहा है–कल शैवलिनी को ले जाएगा। तुम लोग साथ जाना।"

सभी विस्मय में पड़ गए और डर गए। सबने चन्द्रशेखर से पूछा–"क्यों इसे नवाब के पास ले जाएँ।"

चन्द्रशेखन ने कहा–"अभी सुनो चिंता की बात नहीं है।"

मुहम्मद इरफान के आने पर प्रताप उनके स्वागत के लिए नियुक्त किए गए है। चन्द्रशेखर ने आदि से अंत तक सारी बातें स्वामी रामानंद को गुप्त रीति से बता दी। स्वामीजी ने कहा–"आने वाले कल हम दोनों ही को नवाब के दरबार में उपस्थित रहना पड़ेगा।"

सातवाँ परिच्छेद

सर्वनाश

एक विशाल तम्बू लगाकर बंगाल के अंतिम नवाब बैठे हैं, क्योंकि मीर कासिम के बाद जिन्होंने 'बंगाल के नवाव' का नाम धारण किया, वस्तुत: किसी ने भी शासन नहीं किया।

घेरा देकर मोती, मूंगे चाँदी, सोने से मढ़े हुए आसन पर नवाब मीर कासिम अली खाँ मोतियों और हीरों से अलंकृत होकर, सिर के मुकुट पर अत्यंत उज्ज्वल सूर्य के समान चमकता हुआ हीरा उड़ाये हुए दरबार में बैठे हैं। बगल में पंक्ति-बद्ध होकर उनके नौकर हाथ जोड़े हुए खड़े हैं। वजीर लोग आकर घुटने को धरनी पर टेककर, चुपचाप बैठे हैं। नवाब ने पूछा–"सभी कैदी हाजिर हों।"

मुहम्मद इरफान ने कहा–"सभी हाजिर है।"

नवाब ने सबसे पहले लॉरेन्स फास्टर को हाजिर होने को कहा।

लॉरेन्स फास्टर वहाँ लाये जाने पर सामने खड़ा हुआ। नवाब ने पूछा–"तुम कौन हो?"

फास्टर समझ गया था कि इस बार यह बच नहीं सकता। इतने दिनों बाद समझा जिन्होंने अंग्रेजों के नाम पर कालिख लगायी है, इस वक्त अंग्रेज की तरह मरूँगा!"

लॉ०–"मेरा नाम लॉरेन्स फास्टर है।"

नवाब–"तुम्हारी जाति क्या है?"

लॉ०–"अंग्रेज।"

न०–"अंग्रेज मेरे दुश्मन है। तुम दुश्मन होकर क्यों मेरे खेमे में आये थे?"

लॉ०–"आया था, इसके लिए आपकी जो भी मर्जी हो, कीजिए मैं आपके हाथ में पड़ गया हूँ। क्यों आया था, यह पूछने की जरूरत नहीं है। पूछने पर कोई जवाब नहीं पाइएगा।"

नवाब नाराज न होकर हँसे, कहा–"समझा, तुझे डर नहीं है सच्ची बात कह सकेगा?"

फॉ०–"अंग्रेज कभी झूठ नहीं बोलता!"

न०–"ठीक है? तो देखा जाए। किसने कहा था कि चन्द्रशेखर हाजिर है? हो तो उन्हें लाओ!"

मुहम्मद इरफान चन्द्रशेखर को ले आये। नवाब ने चन्द्रशेखर को देखकर कहा–"इसे पहचानते हो?"

चन्द्र–"नाम सुना है, पहचानता नहीं।"

न०–"कुलसूम बाँदी कहाँ है?"

कुलसूम भी आयी है! नवाब ने फास्टर से कहा–"इस बाँदी को पहचानते हो?

फा०–"पहचानता हूँ।"

न०–"यह कौन है?"

फॉ०–"आपकी दासी है।"

तब मुहम्मद इरफान आये। तकी खाँ अब तक टाल-मटोल कर रहा था कि किस तरफ जाऊँ, इसीलिए दुश्मन की ओर आज भी जाकर मिल न सका। लेकिन उसे धोखेबाज समझकर नवाब के सेनापति लोग उस पर बराबर निगरानी रखते थे। अली इब्राहिम खाँ उसे आसानी से बाँध लाये थे।

नवाब ने तकी खाँ की ओर बिना देखे ही कहा–"कुलसूम, बता तू मुंगेर से किस तरह कलकत्ता आ गयी थी?"

कुलसूम ने एक-एक करके सब बता दिया। उसने दलनी बेगम का सारा किस्सा कहा। फिर हाथ जोड़कर आँखों में आँसू भरकर जोर-जोर से कहने लगी–"जहाँपनाह, मैं इस दरबार में इस पापी, स्त्री के हत्यारे तकी खाँ के नाम नालिश करती हूँ, मंजूर कीजिए! इसने मेरे मालिक की बेगम के नाम बदनामी लगाकर मेरे मालिक को धोखा देकर, दुनिया की औरतों में हीरे के समान दलनी बेगम को चींटी की तरह बिना हिचकिचाहट के मार डाला। जहाँपनाह! चींटी की ही तरह इस नीच आदमी का कत्ल कीजिए।"

मुहम्मद तकी ने रूँधे गले से कहा–"झूठी बात! तुम्हारा गवाह कौन है?"

कुलसूम आँखें फाड़कर गरजती हुई बोलती है! अपनी छाती पर हाथ रख मेरा गवाह तू ही फिरंगी "मेरा गवाह? ऊपर की ओर देख, मेरा गवाह खुदा है! अगर और किसी की गवाही की जरूरत हो तो इसी से पूछ!"

नवाब ने कहा–"क्यों फिरंगी, यह बाँदी जो-जो कहती है, वह क्या सच है? तुम भी तो अमियट के साथ थे–अंग्रेज झूठ तो नहीं बोलते!"

फास्टर जो कुछ जानता था, उसने कह दिया। उससे सबने समझ लिया कि दलनी शुद्ध थी। तकी ने सिर नीचे झुका लिया।

तब चन्द्रशेखर ने कुछ आगे बढ़कर कहा–"धर्मावतार! बाँदी का कहना सत्य है, इसका एक गवाह मैं भी हूँ। मैं वही ब्रह्मचारी हूँ।"

तब कुलसूम पहचान गई। उसने कहा–"ये ही हैं!"

तब चन्द्रशेखर कहने लगे–"राजन! यदि यह फिरंगी सत्यवादी हो तो इससे दो-एक बातें और पूछिए।"

नवाब समझ गए, कहा–"तुम्हीं पूछो, दुभाषिए इसे समझा देगा।"

चन्द्रशेखर ने पूछा–"तुम कहते हो, चन्द्रशेखर नाम सुना है, मैं वही चन्द्रशेखर हूँ। चन्द्रशेखर की बातें पूरी होते-होते फास्टर ने कहा मरने से नहीं डरता। यहाँ किसी प्रश्न का उत्तर देना या न देना मेरी मर्जी है। "आप तकलीफ न करें। मैं आजाद हूँ, मैं आपके किसी प्रश्न का उत्तर नहीं दूँगा।"

नवाब ने आज्ञा दी–"तो शैवलिनी को ले आओ।"

शैवलिनी लायी गई। फास्टर पहले शैवलिनी को पहचान नहीं सका शैवलिनी रोगी, दुबली, मलीन, फटे हुए कपड़ों में लिपटी हुई, उलझे बालों वाली और धूल में लिपटी हुई थी। शरीर में

गंदगी, सिर पर धूल, बाल उलझे और बिखरे हुए, मुँह पर पागलों की हँसी आँखों में पागलों की उतावली दृष्टि। फास्टर सिहर उठा।

नवाब ने पूछा–"इसे पहचानते हो?"

फा०–"पहचानता हूँ।"

न०–"यह कौन है?"

फॉ०–शैवलिनी चन्द्रशेखर की पत्नी।"

न०–"तुमने पहचाना किस तरह?"

फॉ०–"आपकी सलाह से जो सजा हो, उसका हुक्म दीजिए। मैं जवाब नहीं दूँगा।"

न०–"मेरी सलाह में, कुत्तों के काटने से तुम्हारी मौत होगी।"

फास्टर का मुँह सूख गया, हाथ-पैर कांपने लगे। कुछ देर में धीरज मिला तो कहा–"मेरी मौत की अगर आपको इच्छा हो, तो दूसरे तरह की मौत का हुक्म दीजिए!"

न०–"नहीं! इस मुल्क में एक पुरानी सजा की बात सुनी जाती है। अपराधी को कमर तक मिट्टी में गाड़कर, उसके बाद उसे काटने के लिए सिखाये हुए कुत्तों को लगा देते हैं। कुत्तों के काटने से घायल स्थान पर नमक बरसा देते हैं। कुत्ते मांस खाकर सन्तुष्ट होकर चले जाते हैं, आधा खाया हुआ अपराधी मिट्टी में गड़ा रहता है। कुत्ते फिर भूख लगने पर आकर उसके बचे हुए मांस को खाते हैं। तुम्हारे और तकी खाँ के लिए उसी मौत की सजा दी जाएगी।"

बँधा हुआ तकी खाँ कातर पशु की भाँति जोरों से चीख उठा। फास्टर घुटनों के बल धरती पर बैठकर हाथ जोड़कर आँखें ऊपर उठाकर ईश्वर की प्रार्थना करने लगा और मन-ही-मन कहने लगा–"मैंने कभी तुम्हें पुकारा नहीं, कभी तुम्हें सोचा नहीं–हमेशा पाप ही करता रहा। तुम कौन हो यह कभी मन में नहीं आया। लेकिन आज निस्सहाय होकर तुम्हें पुकारता हूँ। हे असहायों के सहायक, बलहीनों के बल, मेरी रक्षा करो!"

कोई आश्चर्य में न पड़ना। जो ईश्वर को नहीं मानता, वह भी विपत्ति न पड़ने पर उसको पुकारता है–भक्ति-भाव से पुकारता हैं। फास्टर ने भी पुकारा।

आँखें नीची करते ही फास्टर की दृष्टि तम्बू के बाहर पड़ी। सहसा देखा, एक जटा-जूटधरी, लाल वस्त्र पहने हुए, श्वेत दाढ़ी से सुशोभित, विभूति रमाये हुए। एक पुरुष खड़े होकर उसकी ओर देख रहे हैं। फास्टर उन्हीं आँखों की ओर देखता रहा धीरे-धीरे उसका चित्त उस दृष्टि के वशीभूत हो गया। धीरे-धीरे उसने आँखें झुका ली–मानो गहरी नींद में उसका शरीर बेबस होने लगा। मालूम पड़ने लगा, मानो उसी जटा-जूटधारी पुरुष के होंठ हिल रहे हैं–मानों वे कुछ बोल रहे हैं।

धीरे-धीरे पानी से भरे हुए बादल के समान गंभीर ध्वनि मानो उसके कानों में पहुँची। फास्टर ने सुना, मानों कोई कह रहा है–"मैं तुझे कुत्तों के दण्ड से बचाऊँगा। मेरी बातों का उत्तर दे। क्या तू शैवलिनी का जार है?"

फास्टर ने उस धूल से लिपटी हुई शैवलिनी पर एक दृष्टि डाली, कहा–"नहीं।" सबने सुना–नहीं शैवलिनी का जार नहीं हूँ। उसी वन के समान गम्भीर ध्वनि में प्रश्न हुआ–नवाब ने पूछा या चन्द्रशेखर ने या किसने, फास्टर इसे समझ न सका, केवल सुना कि गम्भीर ध्वनि से प्रश्न हुआ–"तो शैवलिनी तुम्हारी नाव पर थी क्यों?"

फास्टर जोर से कहने लगा–"मैं शैवलिनी के रूप पर मुग्ध होकर उसे घर से चुरा लाया था। मन में सोचा था कि वह मेरे प्रति आसक्त है। लेकिन देखा कि ऐसा नहीं है वह मेरी शत्रु है। नाव पर पहले मुझे देखते ही उसने छूरी निकालकर मुझसे कहा–"तू अगर मेरे कमरे में आया तो इस छूरी से दोनों ही मरेंगे। मैं तेरी माँ के समान हूँ। मैं उसके पास नहीं जा सका, कभी उसे छुआ नहीं" सबने यह बात सुनी।

चन्द्रशेखर ने पूछा–"तुमने किस प्रकार म्लेच्छ का अन्न इसे खिलाया?" फास्टर ने कुंठित होकर कहा–"एक दिन भी मेरा अन्न मेरा छूआ हुआ अन्न उसने नहीं खाया। वह अपने आप बनाती थी।"

प्रश्न–"क्या बनाती थी?"

फॉ०–"सिर्फ चावल अन्न के साथ दूध छोड़कर और कुछ नहीं खाती थी।"

प्रश्न–"पानी?"

फॉ०–"गंगा से अपने आप निकालती थी।"

इसी समय सहसा शब्द हुआ–"दुडुम-दुडम, धुम-धुम!"

नवाब ने कहा–"वह क्या है?"

इरफान ने दर्द भरी आवाज से कहा–"और क्या? अंग्रेजों की कमान, उन्होंने खेमे पर हमला कर दिया है।"

एकाएक तम्बू से लोग धक्का देते हुए बाहर निकलने लगे। दुडुम-दुडुम-दुम फिर कमान गरजने लगी। फिर बहुत-सी कमानें एक साथ गरजने लगीं भंयकर आवाजें रह-रहकर पास आने लगीं। रण के बाजे बजने लगे, चारों ओर से घोर कोलाहल उठने लगा। घोड़ों की टाप, अस्त्रों की झंकार, सैनिकों का जयघोष, सब समुद्र की लहरों की भाँति गरज उठे। धुएँ के अम्बार से आकाश ढंक गया–दिशाएँ घिर गई। सोते समय मानो क्रुद्ध समुद्र जल की बाढ़ को उछालता हुआ आ खड़ा हुआ।

सहसा नवाब के वजीर और चाकर ठेला-ठेली करते हुए तम्बू के बाहर निकले–कोई लड़ाई के मैदान में कोई कहीं और भागा। कुलसूम, चन्द्रशेखर, शैवलिनी और फास्टर भी बाहर निकले। तम्बू में अकेले नवाब और कैदी तकी बैठे रहे।

उसी समय कमान के गोले आकर तम्बू में गिरने लगे। उसी वक्त नवाब ने अपने कमरबंद से तलवार खींचकर तकी की छाती में अपने हाथ से घुसा दी। तकी मर गया। नवाब तम्बू के बाहर निकल गए।

आठवाँ परिच्छेद

युद्ध-क्षेत्र में

शैवलिनी को लेकर बाहर आकर चन्द्रशेखर ने देखा कि स्वामी रामानंद खड़े हैं। स्वामी जी ने कहा–"चन्द्रशेखर! इसके बाद क्या करोगे?"

चन्द्रशेखर ने कहा–"इस समय शैवलिनी के प्राणों की रक्षा किस प्रकार करूँ? कहाँ जाऊँ?" चारों ओर गोले बरस रहे हैं, चारों ओर धुएँ से अंधकार छाया हुआ है।

स्वामी जी–"कोई चिंता नहीं देख रहे हो न कि यवन-सेना किस ओर भाग रही है? जहाँ युद्ध के आरंभ में ही भगदड़ मच गई, वहाँ विजय की संभावना क्या है? यह अंग्रेज जाति बड़ी भाग्यशाली है–बलवान और कौशलमयी भी लगती है। मालूम होता है कि यह एक दिन सारे भारतवर्ष पर अधिकार कर लेगी। चलो, हम लोग भागने वाले यवनों के पीछे-पीछे चल दें। तुम्हारे और मेरे लिए चिंता नहीं है, किन्तु इस वधू के लिए चिंता है।"

तीनों आदमी भागने वाले मुसलमानों के पीछे चलने लगे। सहसा देखा कि एक सुसज्जित अस्त्रधारी हिन्दू-सेना सामने, रण के रंग में मत्त होकर पहाड़ी की सुरंग से निकलकर अंग्रेजों का सामना करने के लिए रण में जा रही है; बीच में उस सेना का नायक घोड़े पर चढ़ा हुआ है। सबने देखकर पहचाना कि यह प्रताप है। चन्द्रशेखर प्रताप को देखकर उदास हो गए। कुछ देर बाद उदासी के साथ कहा–"प्रताप! इस दुर्जय युद्ध में तुम क्यों आये? लौटो!"

प्रताप–"मैं आप लोगों को खोजने ही आ रहा था। चलिए निर्विघ्न स्थान पर आप लोगों को रख आऊँ।" यह कहकर प्रताप तीनो आदमियों को अपनी छोटी सेना के बीच में करके लौट चले।

वे पर्वत-श्रेणी के बीच के सभी रास्तों से भली-भाँति परिचित थे, शीघ्र ही उन लोगों को रण-क्षेत्र से दूर ले गए। जाते समय चन्द्रशेखर से, दरबार में जो-जो हुआ था, उसे विस्तार के साथ सुना। उसके बाद चन्द्रशेखर ने प्रताप से कहा–"प्रताप, तुम धन्य हो! तुम जो जानते हो, मैं भी उसे जानता हूँ।"

प्रताप आश्चर्य में पड़कर चन्द्रशेखर का मुख ताकने लगे। चन्द्रशेखर ने अनु-सक्त कण्ठ से–"इस समय समझा कि ये निष्पाप हैं। यदि लोकहित के लिए कोई प्रायश्चित करना होगा तो वही करूँगा–करके इन्हें घर लाऊँगा। किन्तु सुख अब मेरे भाग्य में नहीं है।"

प्र०–"क्यों, स्वामी जी की औषधिं से कोई हल नहीं निकला?"

च०–"अब तक तो नहीं मिला।"

प्रताप चिन्तित हो गए। उनकी आँखों में भी आँसू आ गए। शैवलिनी घूँघट में से यह देख रही थी, उसने तनिक हटकर हाथ के इशारे से प्रताप को बुलाया। प्रताप घोड़े से उतरकर उसके पास गये।

शैवलिनी ने ऐसे धीमे स्वर में, जिसे और लोग नहीं सुन न सकें, कहा–"मेरी एक बात कान में सुनोगे? मैं कोई घृणित बात नहीं कहूँगी।"

प्रताप विस्मित हो गए; कहा–"तुम्हारा पागलपन क्या बनावटी है?"

शै०–"इस समय है। आज सुबह शय्या से उठने के बाद सारी बातें समझ रही हूँ। मैं क्या सचमुच पागल हो गई थी?"

प्रताप का मुँह खिल उठा। शैवलिनी ने उनके मन की बात समझकर व्यग्रता से कहा–"चुप! इस समय कुछ न कहना। मैं खुद ही सब कुछ कहूँगी, किन्तु तुम्हारी आज्ञा के बिना नहीं।"

प्र०–"मेरी आज्ञा क्यों?"

शै०–"स्वामी यदि मुझे फिर ग्रहण करेंगे, तो मन का पाप फिर छिपाकर उनकी प्रेमिका होना क्या उचित होगा?"

प्र०–"क्या करना चाहती हो?"

शै०–"पहले की सारी बातें कहकर क्षमा माँगूँगी।"

प्रताप सोचने लगे; फिर कहा–"कहना आशीर्वाद देता हूँ, इस बार तुम सुखी होओ!" यह कहकर प्रताप चुपचाप आँसू बहाने लगे।

शै०–"मैं सुखी नहीं होऊँगी। तुम्हारे रहते मुझे सुख नहीं है।"

प्र०–"ऐसा क्यों शैवलिनी?"

शै०–"जितने दिनों तुम इस पृथ्वी पर रहोगे, मुझसे फिर न मिलना। स्त्री-जाति का चित्त बहुत सारहीन है–कितने दिनों तक वश में रह सकेगा, कह नहीं सकती। इस जन्म में तुम मुझसे न मिलना!"

प्रताप ने फिर कोई उत्तर नहीं दिया तेजी से घोड़े पर चढ़कर घोड़े को चाबुक मारकर रणक्षेत्र की ओर दौड़ पड़ा। उनकी सेना उनके पीछे-पीछे दौड़ पड़ी।

जाते समय चन्द्रशेखर ने पुकारकर कहा–"कहाँ जाते हो?"

प्र०–"युद्ध में।"

चन्द्रशेखर व्याकुल होकर जोर से चिल्लाकर कहने लगे– "जाना मत, जाना मत! अंग्रेजो से लड़ने में रक्षा नहीं हो सकती।"

प्रताप ने कहा–"फास्टर अब भी जीवित है, उसको मारने जा रहा हूँ।"

चन्द्रशेखर ने तेजी से दौड़कर प्रताप के घोड़े की लगाम पकड़ ली और कहा–"फास्टर को मारने की क्या जरूरत है भाई? जो दुष्ट है, भगवान उसे दण्ड देंगे। तुम और मैं क्या दण्ड देने वाले हैं। जो नीच है, वही शत्रु की हिंसा करता है; जो उत्तम है, वह शत्रु को क्षमा कर देता है।"

प्रताप विस्मित हो गए, पुलकित हो उठे। इस प्रकार की महान उक्ति उन्होंने किसी से सुनी नहीं थी। घोड़े से उतरकर उन्होंने चन्द्रशेखर के चरणों की धूलि ले ली। कहा–"आप मनुष्यों में धन्य है! मैं फास्टर को छोड़ूँगा नहीं।" यही कहकर प्रताप फिर युद्ध-क्षेत्र की ओर चल पड़े।

चन्द्रशेखर ने कहा–"प्रताप! तो युद्धक्षेत्र में जाते क्यों हो?"

मुँह फेरकर उनकी ओर प्रताप ने अति कोमल, मधुर हँसी हँसकर कहा–"आवश्यकता मेरी है।" यही कहकर घोड़े को चाबुक लगाकर बड़े वेग से चले गए।

उस हँसी को देखकर स्वामी रामानंद उद्विग्न हो उठे। उन्होंने चन्द्रशेखर से कहा–"पत्नी को लेकर तुम घर जाओ। मैं गंगा नहाने जाऊँगा। दो-एक दिन बाद भेंट होगी।"

चन्द्रशेखन ने कहा–"प्रताप के लिए मैं बहुत ही उद्विग्न हूँ।"

स्वामी जी ने कहा–"मैं उनका भेद लेने जाता हूँ।"

यह कहकर स्वामी रामानंद उन्हें विदा कर युद्ध-क्षेत्र की ओर चल पड़े और उसी धुएँ से भरे, घायलों की चीत्कार से भरे रणक्षेत्र के बीच, अग्नि-वर्षा के भीतर प्रताप को इधर-उधर ढूँढने लगे। देखा कि कहीं लाशों का ढेर लगा है, कोई मृत पड़ा है, कोई अधमरा, किसी का अंग कट गया है, किसी की छाती बिंधी हुई है, कोई "पानी! पानी!" कहकर आर्त स्वर में पुकार रहा है।

कोई माता, पिता, भाई, मित्र आदि का नाम लेकर पुकार रहा है। स्वामी जी ने उन्हीं मुर्दों के भीतर प्रताप को खोजा, किन्तु पाया नहीं। देखा कि कितने ही खून में लथ-पथ घायल होकर अस्त्र-शस्त्र फेंककर घोड़े को लेकर भाग रहे हैं। घोड़े के पैरों के नीचे कितने ही अभागे सैनिक कुचलकर मर रहे हैं। उन सबके भीतर प्रताप को खोजा, मगर नहीं पाया। देखा, कितने ही पैदल सैनिक खाली हाथ, ऊँची-साँस लेते हुए खून से सने हुए भाग रहे हैं। उनमें भी प्रताप को खोजा, लेकिन पाया नहीं। थककर स्वामी जी एक वृक्ष की जड़ पर बैठ गए। उसी ओर से होकर एक सिपाही भाग रहा था। स्वामी जी ने उससे पूछा–"तुम सभी भाग रहे हो तो युद्ध किसने किया?"

सिपाही ने कहा–"कोई नहीं। सिर्फ एक हिन्दू ने भयंकर युद्ध किया।"

स्वामी जी ने पूछा–"वह है कहाँ?"

सिपाही–"मैदान में सामने देखिए।" यही कहकर सिपाही भाग चला।

स्वामी जी मैदान की ओर चल पड़े।

देखा कि युद्ध नहीं हो रहा है बहुत-से अंग्रेजों और हिन्दुओं की लाशों का ढेर लग गया है। स्वामी जी उनमें प्रताप की लाश को खोजने लगे। गिरे हुए हिन्दुओं में कोई दुःख से जोरों से कराह उठा। स्वामी जी ने उसे खींचकर बाहर किया तो देखा, वही प्रताप है घायल, मरणासन्न, किन्तु अभी भी जीवित है।

स्वामी रामानंद ने जल लाकर उसके मुँह में पानी डाला। प्रताप उन्हें पहचानकर प्रणाम करने के लिए हाथ उठाना चाहते थे, किन्तु उठा नहीं पाए।

स्वामी जी ने कहा–"मैं यूँ ही आशीर्वाद देता हूँ कि तुम स्वस्थ हो जाओ।"

प्रताप ने बड़े कष्ट से कहा–"स्वस्थ होने में अब अधिक देर नहीं है। अपने चरणों की धूलि माथे पर दीजिए।"

स्वामी जी ने पूछा–"हम लोगों ने मना किया था, तब क्यों इस दुर्जय युद्ध में आये? शैवलिनी के कहने से ऐसा किया क्या?"

प्रताप ने कहा–"आप क्यों ऐसा कह रहे हैं?"

स्वामी जी ने कहा–"तुम जब शैवलिनी के साथ बातें कर रहे थे, तब तुम्हारे मुख के संकेत से मुझे ऐसा मालूम हुआ कि वह पागल नहीं है और प्रतीत होता है कि तुम्हें बिलकुल भूल नहीं गई है।"

प्रताप ने कहा–"शैवलिनी ने बोला था कि इस पृथ्वी पर मेरे साथ उसकी फिर भेंट न हो। मैंने समझा कि मेरे जीते-जी शैवलिनी या चन्द्रशेखर को सुख प्राप्त होने की संभावना नहीं है। मैंने

सोचा कि जो मेरे परम प्रीति के पात्र हैं, जो मेरे सबसे बड़े हितैषी हैं, उन लोगों के सुख में काँटा बनकर जीते रहना मेरा कर्तव्य नहीं है। इसी से आप लोगों के मना करने पर भी इस युद्ध-भूमि में प्राण त्याग करने के लिए आया था। मेरे रहने पर कभी-न-कभी शैवलिनी के चित्त के चंचल हो जाने की संभावना है। इसलिए मैं युद्ध में आया।"

स्वामी जी की आँखों में पानी भर आया। किसी ने रामानंद की आँखों में आँसू नहीं देखा था। उन्होंने कहा–"इस संसार में तुम्हीं सच्चे परहित का व्रत धारण करने वाले हो। हम तो केवल ढोंगी है। तुम परलोक में अक्षय सुख प्राप्त करोगे, इसमें सन्देह नहीं!"

क्षण भर चुप रहकर स्वामी जी कहने लगे–"सुनो वत्स! मैं तुम्हारे हृदय को समझ रहा हूँ। सारे ब्रह्मांड की विजय तुम्हारी इस इन्द्रिय-विजय की समता नहीं कर सकती। तुम शैवलिनी से प्रेम करते थ?"

सोता हुआ सिंह मानो उठ गया। वही मुर्दा प्रताप बलवान, चंचल और पागल के समान हुंकार उठा। कहा–"तुम क्या समझोगे, सन्यासी! इस संसार में कौन मनुष्य है जो मेरे इस प्रेम को समझेगा? कौन समझेगा कि इन सोलह वर्षों तक मैंने शैवलिनी को कितना प्यार किया है! पाप-भावना से मैं उसमें अनुरक्त नहीं हूँ, मेरे प्रेम का नाम है जीवन का त्याग करने की इच्छा नस-नस में, रक्त-रक्त में, हड्डी-हड्डी

में मेरा यह प्रेम विचरण करता रहा है। मनुष्य कभी उसे समझ नहीं सकते–मनुष्य उसे जान नहीं सकते थे। इस मृत्यु की बेला में आपने यह बात क्यों उठायी? इस जन्म में, इस प्रेम में कोई कल्याण नहीं है, यही समझकर मैंने देह को छोड़ दिया। मेरा मन कलुषित हो गया है–क्या जानें, शैवलिनी के हृदय में अब फिर क्या होगा? कोई दूसरा उपाय नहीं है मेरी मृत्यु के अतिरिक्त, इसलिए मैं मरने आया। आपने इस छिपे हुए मर्म को सुना, आप ज्ञानी हैं, आप शास्त्र-दर्शी हैं, आप ही कहिए, मेरे पाप का क्या प्रायश्चित है? मैं क्या जगदीश्वर के सामने दोषी हूँ? अगर दोष हुआ तो क्या प्रायश्चित से वह दूर नहीं होगा?

स्वामी जी ने कहा–"ये तो जानता नहीं। मनुष्य का ज्ञान यहाँ असमर्थ हो जाता है; शास्त्र यहाँ चुप है। तुम जिस लोक में जा रहे हो, उस लोक के ईश्वर के अतिरिक्त कोई भी इसे नहीं जानता। इन्द्रियों पर विजय यदि पुण्य है तो अनंत स्वर्ग तुम्हारा ही है। यदि चित का संयम पुण्य है तो दधीचि से बढ़कर तुम स्वर्ग के अधिकारी हो। प्रार्थना करता हूँ कि मैं भी दूसरे जन्म में तुम्हारे ही समान इन्द्रिय होऊँ।"

स्वामी जी चुप हो गए। धीरे-धीर प्रताप के प्राण छूट गये, घास की शय्या पर अनिंद्य प्रकाश वाला स्वर्ण-तरू पड़ा रहा।

प्रताप तो जाओ, अनंत धाम में जाओ जहाँ इन्द्रियों को जीतने में कष्ट नहीं है, रूप के प्रति मोह नहीं है, प्रेम में पाप नहीं है, वहीं जाओ! जहाँ रूप अनंत है, प्रेम अनंत है, सुख अनंत है, सुख में अनंत पुण्य है, वहीं जाओ। जहाँ दूसरे के दुःख को दूसरा जानता है, दूसरे के धर्म की दूसरा रक्षा करता है, दूसरे की विजय का दूसरा गान करता है, मरना नहीं पड़े दूसरे को, उसी महान, ऐश्वर्यमय लोक में जाओ! लाखों शैवलिनी को अपने चरणों पर पाकर तुम फिर प्रेम करना नहीं चाहोगे।

www.ingramcontent.com/pod-product-compliance
Lightning Source LLC
LaVergne TN
LVHW090413051026
849518LV00006B/2333
9789367937464